この本の特長と使い方

★このドリルは、1回分が、1枚の表と裏になっています。
★1回分は50点満点です。10分以内を目標に取り組みましょう。

表のページ

裏のページ

① ウォーミングアップ

英検®でよく出る表現を、会話形式で紹介しています。
音声を聞き、声に出して読みながらなぞりましょう。

［音声の聞き方］

①各ページの二次元コードから聞く

インターネットに接続されたスマートフォンや
タブレットで再生できます。

※通信料はお客様のご負担となります。

②音声再生アプリ「my-oto-mo（マイオトモ）」で聞く

右の二次元コードか、以下のURLにスマートフォンまたはタブレットでアクセスし、
ダウンロードしてください。

https://gakken-ep.jp/extra/myotomo/

※通信料はお客様のご負担となります。　※パソコンからはご利用になれません。　※お客様のネット環境やご利用の端末により音声の再生やアプリの利用ができない場合、当社は責任を負いかねます。

② 練習問題

英検®でよく出る表現を含んだ練習問題です。

実際の試験問題より、英文が比較的短くなっています。難しいと感じたら、
のヒントを見ながら取り組みましょう。

問題を解く時に注目すべき場所にオレンジ下線付き。

ャラクターのサポート付き。

しい単語や熟語の日本語訳付き。

③ 実践問題

実際の英検®の試験形式に準じた問題です。英検®5級
一次試験の大問1～3、リスニングテスト第1～3部の
うち、2・3種類の形式で出題しています。表のページ
で勉強したことを思い出しながら取り組みましょう。

★**単語ページ** … 5、10、15、20、25、30回の計6回は、英検®5級でよく出る単語や熟語のページです。
★**まとめテスト** … 実際の英検®の試験形式で、ジャンル別の予想問題に取り組むページです。（100点満点）

もくじ

★答えは、この本の最後にあります。

英検®受験ガイド

英検®は、文部科学省後援の検定試験で、
入試などでも評価されています。
ここでは、英検®5級を受験するみなさんのために、
申し込み方法や試験の行われ方などのお役立ち情報を紹介します。

5級の試験はこう行われる！

一次試験は筆記とリスニング

5級の一次試験は、筆記25分、リスニング約22分の合計約47分です。
筆記試験が終わると、2分ほどの準備のあと、
すぐにリスニングテストが行われます。
筆記試験もリスニングテストも、解答はすべてマークシート方式です。

自宅の近くや学校で受けられる

一次試験は、全国の多くの都市で実施されています。
だいたいは、自宅の近くの会場や、自分の通う学校などで受けられます。

試験は年3回行われる

一次試験（本会場）は、
6月（第1回）・10月（第2回）・1月（第3回）の年3回行われます。
申し込みの受付の締め切りは、試験日のおよそ1か月前です。

スピーキングテストについて

一次試験の合否にかかわらず、5級の受験申し込み者全員が受験できます。
合否結果が記載された成績表に英検®IDとパスワードが記載されているので、
自宅や学校などのネット環境の整った端末から
専用サイトにアクセスして受験します。

試験の申し込み方法は？

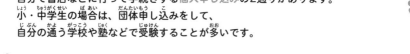

団体申し込みと個人申し込みがある

英検®の申し込み方法は、学校や塾の先生を通じて
まとめて申し込んでもらう団体申し込みと、
自分で書店などに行って手続きする個人申し込みの2通りがあります。
小・中学生の場合は、団体申し込みをして、
自分の通う学校や塾などで受験することが多いです。

まず先生に聞いてみよう

小・中学生の場合は、自分の通っている学校や塾を通じて団体申し込みをす
る場合が多いので、まずは担任の先生や英語の先生に聞いてみましょう。
団体本会場（公開会場）申し込みの場合は、
先生から願書（申し込み用紙）を入手します。
必要事項を記入した願書と検定料は、先生を通じて送ってもらいます。
試験日程や試験会場なども担当の先生の指示に従いましょう。

個人で申し込む場合はネット・コンビニ・書店で

個人で受験する場合は、次のいずれかの方法で申し込みます。

▶ インターネット
　英検®のウェブサイト（https://www.eiken.or.jp/eiken/）から申し込む。

▶ コンビニエンスストア
　店内の情報端末機から直接申し込む。
　（くわしくは英検®のウェブサイトをご覧ください。）

▶ 書店
　英検®特約書店（受付期間中に英検®のポスターが掲示されています）に
　検定料を払い込み、「書店払込証書」と「願書」を英検®協会へ郵送する。

申し込みなどに関するお問い合わせは、
英検®を実施している公益財団法人 日本英語検定協会まで。

● 英検®ウェブサイト　https://www.eiken.or.jp/eiken/

● 英検®サービスセンター　☎03-3266-8311

※英検®ウェブサイトでは、試験に関する情報・入試活用校などを公開しています。

本番のスケジュール

1 教室へ移動

自分の受験する教室を確認し、着席します。
受験番号によって教室がちがうので、よく確認しましょう。

2 問題冊子と解答用紙の配布

受験者心得の放送に従って、解答用紙に必要事項を記入しましょう。

3 試験開始

試験監督の合図で筆記試験開始です。

☑ 持ち物チェックリスト

● 必ず持っていくもの
- ☐ 一次受験票、または受験許可証
- ☐ HBの黒鉛筆やシャープペンシル（ボールペンは不可）
- ☐ 消しゴム

● 必要に応じて持っていくもの
- ☐ 腕時計（携帯電話・スマートフォンでの代用は不可）
- ☐ ハンカチ
- ☐ ティッシュ
- ☐ 防寒用の服
- ☐ 上ばき

★音声を聞き、声に出して読みながらなぞりましょう。（10点）　♪ 01

やあ、ぼくはケンです。

Hi, I am Ken.

こんにちは。私の名前はアンです。

Hello. My name is Ann.

> 自分の名前を伝えるときは、I'm 〜.「私は〜です」や My name is 〜.「私の名前は〜です」を使います。

1 次の(1)と(2)の（　　）に入れるのに最も適切なものを 1、2、3、4 の中から一つ選び、その番号のマーク欄をぬりつぶしましょう。（5点×2）

「私は〜です」の「です」は何を使うかな？

(1) I (　　) Paul. Nice to meet you.

1　am　　　　2　are
3　is　　　　4　be

(1) ① ② ③ ④

(2) My (　　) is Meg. I'm from Sydney.

1　sport　　　2　fruit
3　name　　　4　music

(2) ① ② ③ ④

> Meg は人の名前だね。自分の名前を伝えるときは I am 〜. のほかに My name is 〜. も使うよ。I'm は I am を縮めた言い方で、I'm from 〜. は「〜出身です」と出身地を伝えるときに使うんだ。

2 次の会話について、（　　）に入れるのに最も適切なものを 1、2、3、4 の中から一つ選び、その番号のマーク欄を ぬりつぶしましょう。（10点）

Boy : I'm from Australia. How about you?

Girl : (　　　　)

1 That's right.　　　　**2** I'm from Canada.

3 You're welcome.　　　**4** I'm home.

①②③④

3 次の日本文の意味を表すように①から④までを並べかえて□の 中に入れましょう。そして、1番目と3番目にくるものの最も適切な 組合せを一つ選び、その番号のマーク欄をぬりつぶしましょう。（10点）

スミス先生、はじめまして。

(① you　　　② to　　　③ meet　　　④ nice)

1番目		3番目	

, Mr. Smith.

1 ① － ④　　　　　**2** ③ － ②

3 ② － ①　　　　　**4** ④ － ③

①②③④

4 イラストを参考にしながら英文と応答を聞き、最も 適切な応答を 1、2、3 の中から一つ選びましょう。（5点×2）

♪ 02

(1)

(1) ①②③

(2)

(2) ①②③

ごほうびを
めざして
がんばろう!!

月　日
点

★音声を聞き、声に出して読みながらなぞりましょう。(10点)

♪ 03

元気ですか、アン。

How are you, Ann?

元気です、ありがとう。

Fine, thank you.

💡 相手に「元気？」とたずねるときは、How are you? と言い、答えるときは、Fine, thank you.「元気です、ありがとう。」などと言います。

1 次の(1)と(2)の（　）に入れるのに最も適切なものを 1、2、3、4 の中から一つ選び、その番号のマーク欄をぬりつぶしましょう。(5点×2)

「元気？」とたずねる文だね。

(1) *A :* Hi, Paul. (　　　) are you?

　　 B : I'm fine, thank you.

　　1 What　　**2** Who
　　3 When　　**4** How

(1) ① ② ③ ④

(2) *A :* Good morning, Meg.　How are you?

　　 B : I'm (　　　), thanks.

　　1 cloudy　　**2** fine
　　3 third　　**4** slow

(2) ① ② ③ ④

「元気ですか」とたずねられて、「私は～です、ありがとう。」と言っている場面だよ。「～」の部分に入るのに、最も合うものを選ぼう。Good morning. は「おはよう」という意味だよ。

2 次の(1)と(2)の会話について、（　　　）に入れるのに最も適切なものを1、2、3、4の中から一つ選び、その番号のマーク欄をぬりつぶしましょう。（10点×2）

(1) **Boy :** Hi, Ann. How are you today?

　　　 Girl : (　　　)

1 It's mine.　　　　　　**2** OK, here you are.

3 That's a good idea.　　**4** Fine, thanks.　　(1)①②③④

(2) **Teacher :** Good morning, Ken. (　　　)

　　　 Student : I'm fine, thank you, Mr. Smith. And you?

1 What time is it?　　　　**2** What day is it today?

3 How are you?　　　　　 **4** How old are you?

(2)①②③④

3 イラストを参考にしながら英文と応答を聞き、最も適切な応答を1、2、3の中から一つ選びましょう。（5点×2）

 ♪ 04

(1)　　　　　　　　　　　　　*(2)*

(1)①②③　　　　　　　　　　(2)①②③

ごほうびをめざしてがんばろう!!

♪ 05

★音声を聞き、声に出して読みながらなぞりましょう。(10点)

ぼくの父は料理人です。

My father is a cook.

彼らは私の友達です。

They are my friends.

💡 I（私）と you（あなた）以外の1人の人や1つのものが「〜です」と言うときは is を使います。複数の人やもののときは are を使います。

---

1 次の(1)と(2)の（　）に入れるのに最も適切なものを 1、2、3、4 の中から一つ選び、その番号のマーク欄をぬりつぶしましょう。(5点×2)

「彼女は〜です」の「です」は何を使うのかな？

(1) She (　　) in the science club.

　　1 am 　　　　**2** are
　　　　　　　　　　　クラブ、部
　　3 is 　　　　　**4** be

(1) ① ② ③ ④

(2) Ken and Ann (　　) classmates.

　　1 am 　　　　**2** are
　　　　　　　　　　　同級生
　　3 is 　　　　　**4** be

(2) ① ② ③ ④

Ken and Ann「ケンとアン」は複数の人をさすよ。複数の人やものが「〜です」と言うときは are を使うよ。また、「あなたは〜です」と言うときにも are を使うんだ。

2 次の会話について、（　）に入れるのに最も適切なものを
1、2、3、4 の中から一つ選び、その番号のマーク欄を
ぬりつぶしましょう。(10点)

Boy : Do you know those boys, Ann?

Girl : Yes. (　　　)

1 It's sunny.　　　　　　**2** You, too.
3 They're my friends.　　**4** I'm from Canada.　①②③④

3 次の日本文の意味を表すように①から④までを並べかえて□の
中に入れましょう。そして、1番目と3番目にくるものの最も適切な
組合せを一つ選び、その番号のマーク欄をぬりつぶしましょう。(10点)

ポールは泳ぐのがじょうずです。

(① a　　　② is　　　③ swimmer　　④ good)

Paul ⬚⬚⬚⬚ .

（1番目）　　　　　　　　（3番目）

1 ① − ③　　　　　　　**2** ② − ④
3 ② − ①　　　　　　　**4** ④ − ③　　①②③④

4 三つの英文を聞き、その中から絵の内容を
最もよく表しているものを一つ選びましょう。(5点×2)

 ♪ 06

(1)　　　　　　　　　　　　*(2)*

(1)①②③　　　　　　　　　　(2)①②③

ごほうびを
めざして
がんばろう!!

月　日
点

★音声を聞き、声に出して読みながらなぞりましょう。(10点)　♪ 07

あなたはポール？

Are you Paul?

うん、そうだよ。

Yes, I am.

💡「あなたは〜ですか」とたずねるときは Are you 〜? と言います。
答えるときは Yes, I am. 「はい」や No, I'm not.「いいえ」と言います。

---

1 次の(1)と(2)の（　　）に入れるのに最も
適切なものを 1、2、3、4 の中から一つ選び、
その番号のマーク欄をぬりつぶしましょう。(5点×2)

「あなたは〜？」と
たずねる文だね。

(1) A :（　　　　）you hungry?
　　　　　　　　　　　　空腹の

　　B : Yes, I am.

　　1 Am　　　　　**2** Are

　　3 Is　　　　　**4** Be

(1) ① ② ③ ④

(2) A :（　　　　）your brother a high school student?
　　　　　　　　　　　　　　　　　　高校

　　B : No, he isn't.

　　1 Am　　　　　**2** Are

　　3 Is　　　　　**4** Be

(2) ① ② ③ ④

1人の人について「彼［彼女］は〜ですか」と
たずねるときは、Is で文を始めて Is he[she]
〜? と言うよ。答えるときにも is を使うよ。

2 次の(1)と(2)の会話について、（　　）に入れるのに 最 も適切なものを
1、2、3、4 の中から一つ選び、その番号のマーク欄を
ぬりつぶしましょう。(10点×2)

(1) **Mother :** (　　　) Paul?

　　Boy : Yes, let's eat.

　1　Is it your bag,
　2　Are you ready for dinner,
　3　Can you help me,
　4　Do you have a piano lesson,

(1) ① ② ③ ④

(2) **Girl :** Ken, is this your pencil case?

　　Boy : (　　　) It's Ann's.

　1　I don't know.　　　**2**　Yes, please.
　3　Yes, we are.　　　**4**　No, it isn't.

(2) ① ② ③ ④

3 イラストを参考にしながら英文と応答を聞き、最 も
適切な応答を 1、2、3 の中から一つ選びましょう。(5点×2)

 ♪ 08

(1)

(2)

(1) ① ② ③

(2) ① ② ③

ごほうびを
めざして
がんばろう!!

★音声を聞き、声に出して読みながらなぞりましょう。
（20点）

♪09

父

father

母

mother

兄、弟

brother

姉、妹

sister

家族

family

友達、友人

friend

生徒、学生

student

教師

teacher

医師

doctor

選手

player

歌手

singer

パイロット

pilot

1 次の(1)と(2)の（　）に入れるのに最も適切なものを1、2、3、4の中から一つ選び、その番号のマーク欄をぬりつぶしましょう。（10点×2）

(1) Ms. Smith is a (　　). She works at a hospital.

   1 dancer   **2** singer

   3 pilot   **4** doctor

   (1) ① ② ③ ④

(2) I have a (　　). Her name is Meg.

   1 brother   **2** sister

   3 father   **4** grandfather

   (2) ① ② ③ ④

2 対話と質問を聞き、その答えとして最も適切なものを1、2、3、4の中から一つ選びましょう。（5点×2）　♪ 10

(1) **1** Ken.

     2 Ann.

     3 Ken's mother.

     4 Ann's mother.

   (1) ① ② ③ ④

(2) **1** Paul.

     2 Meg.

     3 Paul's brother.

     4 Meg's brother.

   (2) ① ② ③ ④

ごほうびをめざしてがんばろう!!

★音声を聞き、声に出して読みながらなぞりましょう。(10点)

♪ 11

ぼくはサッカーをするよ。

I play soccer.

私はそれが好きではないよ。

I don't like it.

💡 I play 〜. は「私は(スポーツ)をします。」という意味です。「〜しません」と言うときは動作を表す言葉の前に don't を置きます。

1　次の(1)と(2)の(　　)に入れるのに最も適切なものを 1、2、3、4 の中から一つ選び、その番号のマーク欄をぬりつぶしましょう。(5点×2)

あとの文は「私はピアノをひきます」という意味。

(1) I (　　　) music. I play the piano.

1 sleep　　　**2** live
3 walk　　　**4** like

(1) ① ② ③ ④

(2) I (　　　) have a bike.

1 isn't　　　**2** aren't
3 don't　　　**4** doesn't

(2) ① ② ③ ④

「私は自転車を持っていません」という意味の文をつくるよ。

2 次の会話について、（ ）に入れるのに最も適切なものを 1、2、3、4 の中から一つ選び、その番号のマーク欄を ぬりつぶしましょう。(10点)

A : Do you like baseball, Ken?

B : Yes. I often ( ) baseball games on TV.

1 read　　　　　　　　　　　**2** watch

3 help　　　　　　　　　　　**4** closc

① ② ③ ④

3 次の日本文の意味を表すように①から④までを並べかえて□の 中に入れましょう。そして、1番目と3番目にくるものの最も適切な 組合せを一つ選び、その番号のマーク欄をぬりつぶしましょう。(10点)

私は夕食後、皿を洗います。

(① the　　　　② wash　　　　③ I　　　　④ dishes)

1番目		3番目	

after dinner.

1 ①－④　　　　　　　　　　**2** ③－②

3 ③－①　　　　　　　　　　**4** ②－④

① ② ③ ④

4 イラストを参考にしながら英文と応答を聞き、最も 適切な応答を 1、2、3 の中から一つ選びましょう。(5点×2)

 ♪ 12

(1)

(2)

(1) ① ② ③　　　　　　　　　　(2) ① ② ③

いっぽずつ…。 いっぽずつ…。

★音声を聞き、声に出して読みながらなぞりましょう。（10点） ♪13

メグは音楽が好きだよ。

Meg likes music.

彼はそれが好きではないよ。

He doesn't like it.

💡 Meg のように、I、you 以外の1人の人のあとにくる動作を表す言葉には、
likes のように s や es がつきます。

1 次の(1)と(2)の（　　）に入れるのに最も
適切なものを 1、2、3、4 の中から一つ選び、
その番号のマーク欄をぬりつぶしましょう。（5点×2）

「彼はリンゴがとても
好き」という文だよ。

(1) He (　　　) apples very much.

　　　1 play　　　　2 plays
　　　3 like　　　　4 likes

(1) ① ② ③ ④

(2) I play tennis, but my sister (　　　).

　　　1 don't　　　2 doesn't
　　　3 isn't　　　4 aren't

(2) ① ② ③ ④

「私はテニスをしますが、私の姉[妹]はしません」という意味
で、「〜しません」を表す言葉を選ぼう。my sister のように I、
you 以外の1人の人には doesn't を使うよ。

2 次の（　）に入れるのに最も適切なものを
1、2、3、4 の中から一つ選び、その番号のマーク欄を
ぬりつぶしましょう。（10点）

Ken (　　) up at 6 a.m. every morning.

1 gets **2** goes
3 does **4** has ①②③④

3 次の日本文の意味を表すように①から④までを並べかえて□□の
中に入れましょう。そして、1番目と3番目にくるものの最も適切な
組合せを一つ選び、その番号のマーク欄をぬりつぶしましょう。（10点）

スミスさんは日本語を話しません。

(① Mr. Smith　　② Japanese　　③ speak　　④ doesn't)

1番目		3番目	

1 ① − ③ **2** ④ − ②
3 ② − ④ **4** ③ − ① ①②③④

4 三つの英文を聞き、その中から絵の内容を
最もよく表しているものを一つ選びましょう。（5点×2）

♪ 14

(1)　　　　　　　　　　　　　*(2)*

(1) ①②③　　　　　　　　　　(2) ①②③

いっぽずつ…。
いっぽずつ…。

08 あなたは音楽が好き？
Do you ～? / Does he[she] ～?

月　日

点

★音声を聞き、声に出して読みながらなぞりましょう。(10点)

あなたは音楽が好き？

Do you like music?

うん、好きだよ。

Yes, I do.

💡 相手に「～が好きですか」とたずねるときは Do you like ～? と言います。
Yes, I do.「はい」や No, I don't.「いいえ」で答えます。

---

1 次の(1)と(2)の（　　）に入れるのに最も
適切なものを 1、2、3、4 の中から一つ選び、
その番号のマーク欄をぬりつぶしましょう。(5点×2)

「あなたは動物が好きですか」とたずねる文だよ。

(1) A : (　　　) you like animals?

　　B : Yes, I have two dogs.

　　　　1 Are　　　　**2** Is
　　　　3 Do　　　　**4** Does

(1) ① ② ③ ④

(2) A : (　　　) Ken play basketball?

　　B : No, he doesn't.

　　　　1 Are　　　　**2** Is
　　　　3 Do　　　　**4** Does

(2) ① ② ③ ④

Ken のように I, you 以外の 1 人の人について「～しますか」とたずねるときには、Does で文を始めるよ。また、答えるときは Yes, he does. や No, he doesn't. のように does を使うよ。

2 次の会話について、（　）に入れるのに最も適切なものを
1、2、3、4 の中から一つ選び、その番号のマーク欄を
ぬりつぶしましょう。(10点)

Mother : Do you want some water, Paul?

Boy : (　　　)

1 Here you are.　　　　　　**2** I'm here.

3 Yes, please.　　　　　　**4** That's all.　　　①②③④

3 次の日本文の意味を表すように①から④までを並べかえて▢の
中に入れましょう。そして、1番目と3番目にくるものの最も適切な
組合せを一つ選び、その番号のマーク欄をぬりつぶしましょう。(10点)

彼女は放課後にテニスをしますか。

(① she　　　　② does　　　　③ play　　　　④ tennis)

▢1番目　　　▢　　　▢3番目　　　▢　　 after school?

1 ④ − ②　　　　　　　　**2** ① − ③

3 ① − ④　　　　　　　　**4** ② − ③　　　①②③④

4 イラストを参考にしながら英文と応答を聞き、最も
適切な応答を 1、2、3 の中から一つ選びましょう。(5点×2)

♪ 16

(1)

(2)

(1)①②③　　　　　　　　　　(2)①②③

いっぽずつ…。
いっぽずつ…。

09 窓を閉めてください

Close 〜. / Please 〜.

月　日

点

♪ 17

★音声を聞き、声に出して読みながらなぞりましょう。(10点)

窓を閉めてください。

Close the window.

どうぞ入ってください。

Please come in.

💡 「〜しなさい」と指示するときは、動作を表す言葉で文を始めます。Please は「どうぞ」という意味で調子をやわらげます。

---

1 次の(1)と(2)の(　　)に入れるのに最も適切なものを 1、2、3、4 の中から一つ選び、その番号のマーク欄をぬりつぶしましょう。(5点×2)

ケンに「手伝って」と言っているよ。

(1) A : Ken, please (　　) me.

B : OK.

1 help　　　　2 helps

3 helping　　4 to help

(1) ① ② ③ ④

(2) (　　) your textbooks to page 50, please.

1 Speak　　　2 Meet
　　教科書　　　　　ページ
3 Jump　　　　4 Open

(2) ① ② ③ ④

「教科書の 50 ページを開きなさい」という意味の文だよ。please は文の終わりにつけることもできるけど、そのときは前にコンマ(,)をつけるよ。

2 次の会話について、（　）に入れるのに最も適切なものを
1、2、3、4 の中から一つ選び、その番号のマーク欄を
ぬりつぶしましょう。(10点)

A : Excuse me. (　　　) quiet here.

B : Oh, I'm sorry.

1 Am
2 Are
3 Is
4 Be

① ② ③ ④

3 次の日本文の意味を表すように①から④までを並べかえて□の
中に入れましょう。そして、1番目と3番目にくるものの最も適切な
組合せを一つ選び、その番号のマーク欄をぬりつぶしましょう。(10点)

日曜日に私の家に来てください。

(① come　　　② my　　　③ please　　　④ to)

1番目		3番目	

house on Sunday.

1 ① － ②
2 ③ － ④
3 ② － ③
4 ④ － ①

① ② ③ ④

4 イラストを参考にしながら英文と応答を聞き、最も
適切な応答を 1、2、3 の中から一つ選びましょう。(5点×2)

♪ 18

(1)

(2)

(1) ① ② ③

(2) ① ② ③

いっぽずつ…。
いっぽずつ…。

♪ 19

★音声を聞き、声に出して読みながらなぞりましょう。
（20点）

〜が好きだ

like

〜を持っている、飼う

have

〜を読む

read

（スポーツ）をする、演奏する

play

〜を食べる

eat

〜がほしい

want

料理する

cook

見る

watch

〜を開ける、開く

open

行く

go

来る

come

〜を知っている

know

1 次の(1)と(2)の会話について、（　　）に入れるのに 最も 適切なものを 1、2、3、4 の中から一つ選び、その番号のマーク欄を ぬりつぶしましょう。（10点×2）

(1) **A :** Let's (　　　　) some flowers for Ann.

B : That's a good idea.

1 speak　　　　　　　**2** clean

3 buy　　　　　　　　**4** know

(1) ① ② ③ ④

(2) **A :** Please (　　　　) your name here.　Use this pen.

B : All right.

1 drink　　　　　　　**2** work

3 teach　　　　　　　**4** write

(2) ① ② ③ ④

2 三つの英文を聞き、その中から絵の内容を 最もよく 表しているものを一つ選びましょう。（5点×2）

♪ 20

(1)

(2)

(1) ① ② ③

(2) ① ② ③

いっぽずつ…
いっぽずつ…。

★音声を聞き、声に出して読みながらなぞりましょう。(10点)　♪21

ここで走ってはいけません。

~~Don't run here.~~

買い物に行こうよ。

~~Let's go shopping.~~

💡「〜してはいけません」と禁止するときは Don't 〜. と言います。「〜しましょう」と人をさそうときは Let's 〜. と言います。

---

1 次の(1)と(2)の（　）に入れるのに最も適切なものを 1、2、3、4 の中から一つ選び、その番号のマーク欄をぬりつぶしましょう。(5点×2)

「この部屋で食べないで」と禁止しているね。

(1) (　　) eat in this room.

    1 Isn't   **2** Aren't
    3 Don't   **4** Doesn't

(1) ① ② ③ ④

(2) Let's (　　) a picture, Meg.

    1 take   **2** takes
    3 taking   **4** to take

(2) ① ② ③ ④

「写真をとりましょう、メグ」とさそっている文だよ。Let's のあとに続く動作を表す言葉は、あとに s や ing がつかない形にするよ。Don't のあとに続く動作を表す言葉も同じだよ。

2 次の会話について、（　　）に入れるのに最も適切なものを
1、2、3、4の中から一つ選び、その番号のマーク欄を
ぬりつぶしましょう。（10点）

Teacher : Don't talk in class, Paul.

Student : (　　　) Ms. Smith.

1　I'm from London,　　　2　I'm sorry,

3　That's great,　　　4　See you soon,　　　①②③④

3 次の日本文の意味を表すように①から④までを並べかえて□の
中に入れましょう。そして、1番目と3番目にくるものの最も適切な
組合せを一つ選び、その番号のマーク欄をぬりつぶしましょう。（10点）

昼食にカレーを食べましょう。

(① have　　　② for　　　③ curry　　　④ let's)

1番目		3番目		lunch.

1　① ― ②　　　　2　③ ― ②

3　④ ― ③　　　　4　① ― ④　　　①②③④

4 イラストを参考にしながら英文と応答を聞き、最も
適切な応答を1、2、3の中から一つ選びましょう。（5点×2）

(1)

(2)

(1)①②③　　　(2)①②③

あと
ちょっとで
はんぶんだ…!!!

12 これは彼の本？
his、her / him、her / his、hers など

月　日

点

★音声を聞き、声に出して読みながらなぞりましょう。（10点）　♪ 23

これは彼の本？

Is this his book?

ううん、それは私のだよ。

No, it's mine.

💡 he「彼は」や she「彼女は」などは、一度話に出てきた人の代わりに使う言葉です。「～の」や「～を」の意味のときに形が変わります。

1　次の(1)と(2)の（　　）に入れるのに最も適切なものを 1、2、3、4 の中から一つ選び、その番号のマーク欄をぬりつぶしましょう。（5点×2）

my brother から「彼の」の形が入るよ。

(1) This is my brother.

（　　）name is Ken.

1　He　　　　2　His
3　Him　　　4　Her

(1) ① ② ③ ④

(2) *A :* Is that your bike, Ann?

B : Yes, it's（　　）.

1　I　　　　　2　my
3　me　　　　4　mine

(2) ① ② ③ ④

B は「はい、それは私のものです」という意味だよ。my「私の」や your「あなたの」の形はあとにものの名前が続くけど、mine「私のもの」はあとにものの名前が続かないよ。

2 次の(1)と(2)の会話について、（　　）に入れるのに最も適切なものを
1、2、3、4 の中から一つ選び、その番号のマーク欄を
ぬりつぶしましょう。(10点×2)

(1) **A :** Do you know that girl?

　　B : Yes. I know (　　　) very well.

1 her　　　　　　　　　　　**2** him

3 us　　　　　　　　　　　　**4** them　　　(1)①②③④

(2) I have two sisters. (　　　) names are Lisa and Ann.

1 His　　　　　　　　　　　**2** Her

3 Their　　　　　　　　　　**4** Its　　　(2)①②③④

3 イラストを参考にしながら英文と応答を聞き、最も
適切な応答を 1、2、3 の中から一つ選びましょう。(5点×2)

 ♪ 24

(1)

(2)

(1)①②③　　　　　　　　　　　　　(2)①②③

あと
ちょっとで
はんぶんだ…!!!

13 勉強をしているよ
am[are / is] 〜ing

月　日

点

♪ 25

★音声を聞き、声に出して読みながらなぞりましょう。（10点）

ポールは勉強しているよ。

Paul is studying.

彼らはサッカーをしているよ。

They're playing soccer.

💡 am[are/is] 〜ing の形で、今している最中であることを表します。〜ing は動作を表す言葉に ing をつけてつくります。

---

1 次の(1)と(2)の（　　）に入れるのに最も適切なものを 1、2、3、4 の中から一つ選び、その番号のマーク欄をぬりつぶしましょう。（5点×2）

I'm は I am を縮めた形だね。

(1) I'm (　　　) the guitar.

1　play　　　　　2　plays
3　playing　　　4　to play

(1) ① ② ③ ④

(2) The boys (　　　) running in the park.

1　am　　　　　2　are
3　is　　　　　　4　do

(2) ① ② ③ ④

(2)の文は「その男の子たちは公園で走っています」という意味。動作をする人や人数に合わせて、am、are、is を使い分けるよ。The boys は複数の人を指す言葉だね。

2 次の（　　）に入れるのに最も適切なものを
1、2、3、4 の中から一つ選び、その番号のマーク欄を
ぬりつぶしましょう。（10点）

Ann is (　　) a letter to her friend.

1　calling　　　　　　　2　sleeping
3　making　　　　　　　4　writing　　　① ② ③ ④

3 次の日本文の意味を表すように①から④までを並べかえて□□の
中に入れましょう。そして、1番目と3番目にくるものの最も適切な
組合せを一つ選び、その番号のマーク欄をぬりつぶしましょう。（10点）

彼は友達とテニスをしています。

(① with　　　　② is　　　　③ tennis　　　　④ playing)

He [　1番目　] [　　　] [　3番目　] [　　　] his friend.

1　① − ②　　　　　　　2　② − ④
3　③ − ①　　　　　　　4　② − ③　　　　① ② ③ ④

4 三つの英文を聞き、その中から絵の内容を
最もよく表しているものを一つ選びましょう。（5点×2）

 ♪ 26

(1)

(2)

(1) ① ② ③　　　　　　　　　　　　　　　　(2) ① ② ③

あと
ちょっとで
はんぶんだ…!!!

♪ 27

★音声を聞き、声に出して読みながらなぞりましょう。（10点）

あなたは何をしているの？

What are you doing?

ぼくはテレビを見ているよ。

I'm watching TV.

💡 「何をしていますか」とたずねるときは、What are[is] ～ doing? と言います。What ～? には具体的に何をしているかを答えます。

---

1 次の(1)と(2)の（　　）に入れるのに最も適切なものを 1、2、3、4 の中から一つ選び、その番号のマーク欄をぬりつぶしましょう。（5点×2）

B はしていることを具体的に答えているよ。

(1) A : Ken, (　　　) are you doing?

B : I'm playing the guitar.

　　1 what　　　　**2** where
　　3 who　　　　**4** whose

(1) ① ② ③ ④

(2) A : What is Meg (　　　)?

B : Some sandwiches.

　　1 playing　　　　**2** sleeping
　　3 making　　　　**4** raining

(2) ① ② ③ ④

「メグは何を～していますか」という質問に対して、「サンドイッチをいくつか」と答えているよ。答えるときは、「～しています」と言うだけでなく、ものの名前だけを言うときもあるんだ。

2 次の会話について、（　　）に入れるのに最も適切なものを
1、2、3、4 の中から一つ選び、その番号のマーク欄を
ぬりつぶしましょう。（10点）

Girl 1 : What are you eating?

Girl 2 : (　　　　)

1 In the kitchen.　　　**2** Some cookies.

3 I'm cooking.　　　**4** It's mine.　　　①②③④

3 次の日本文の意味を表すように①から④までを並べかえて ☐ の
中に入れましょう。そして、1番目と3番目にくるものの最も適切な
組合せを一つ選び、その番号のマーク欄をぬりつぶしましょう。（10点）

アンは何を見ていますか。

(① what　　　② Ann　　　③ looking　　　④ is)

1番目		3番目	
				at?

1 ① － ②　　　**2** ④ － ③

3 ④ － ①　　　**4** ② － ③　　　①②③④

4 対話と質問を聞き、その答えとして最も適切なものを
1、2、3、4 の中から一つ選びましょう。（5点×2）　　　♪ 28

(1) **1** Cleaning his room.
　　2 Listening to music.
　　3 Doing his homework.
　　4 Reading a book.　　　(1)①②③④

(2) **1** Tea.　　　**2** Orange juice.
　　3 Coffee.　　　**4** Milk.　　　(2)①②③④

あと
ちょっとで
はんぶんだ…!!!

♪29

★音声を聞き、声に出して読みながらなぞりましょう。
（20点）

学校

school

クラブ、部

club

宿題

homework

授業、組

class

教室

classroom

ベッド

bed

いす

chair

机

desk

テーブル

table

窓

window

写真、絵

picture

電話

phone

1 次の(1)と(2)の（　）に入れるのに最も適切なものを1、2、3、4の中から一つ選び、その番号のマーク欄をぬりつぶしましょう。(10点×2)

(1) Ann is in the art (　　　) at school.

    1 window   **2** club

    3 home   **4** pool

(1) ① ② ③ ④

(2) We have science (　　　) on Tuesdays.

    1 fruit   **2** song

    3 class   **4** sport

(2) ① ② ③ ④

2 対話と質問を聞き、その答えとして最も適切なものを1、2、3、4の中から一つ選びましょう。(5点×2)

♪ 30

(1) **1** Reading a book.

      2 Writing a letter.

      3 Doing her homework.

      4 Helping her mother.

(1) ① ② ③ ④

(2) **1** He watches TV.

      2 He paints pictures.

      3 He plays the guitar.

      4 He takes pictures.

(2) ① ② ③ ④

はんぶんまできたよ!!

16 何のスポーツが好き？

What sport ～?

★音声を聞き、声に出して読みながらなぞりましょう。(10点)

あなたは何のスポーツが好き？

What sport do you like?

ぼくはサッカーが好きだよ。

I like soccer.

💡 相手の好きなスポーツをたずねるときは What sport do you like? と言います。答えるときは具体的に好きなスポーツを言います。

1 次の(1)と(2)の（　　）に入れるのに最も適切なものを 1、2、3、4 の中から一つ選び、その番号のマーク欄をぬりつぶしましょう。(5点×2)

「テニスが好き」と答えているね。

(1) **A :** What (　　) does Ken like?

　　B : He likes tennis.

　　　1 time　　　**2** fruit
　　　3 sport　　　**4** subject

(1) ① ② ③ ④

(2) **A :** What (　　) do you like?

　　B : I like blue.

　　　1 color　　　**2** day
　　　3 class　　　**4** animal

(2) ① ② ③ ④

「あなたは何の～が好きですか」と聞かれて、B は「青が好きです」のように好きな色を答えているね。What day なら「何曜日」、What animal なら「何の動物」という意味だよ。

2 次の会話について、（　　）に入れるのに最も適切なものを 1、2、3、4 の中から一つ選び、その番号のマーク欄を ぬりつぶしましょう。(10点)

A : What is your favorite (　　　)?

B : Pizza.
大好きな

1 color   **2** food

3 pet   **4** music   ①②③④

3 次の日本文の意味を表すように①から④までを並べかえて□の 中に入れましょう。そして、1番目と3番目にくるものの最も適切な 組合せを一つ選び、その番号のマーク欄をぬりつぶしましょう。(10点)

あなたの新しい自転車は何色ですか。

(① color   ② new   ③ your   ④ is)

What ［　1番目　］［　　　　］［　3番目　］［　　　　］ bike?

1 ④ － ①   **2** ④ － ②

3 ① － ③   **4** ② － ③   ①②③④

4 対話と質問を聞き、その答えとして最も適切なものを 1、2、3、4 の中から一つ選びましょう。(5点×2)   ♪ 32

(1) **1** Baseball.   **2** Basketball.

     3 Volleyball.   **4** Soccer.   (1) ①②③④

(2) **1** Math.   **2** Science.

     3 English.   **4** Music.   (2) ①②③④

いいにおいが してきたよ!!

月　日
点

★音声を聞き、声に出して読みながらなぞりましょう。（10点）

♪ 33

どっちのかばんが好き？

Which bag do you like?

青いのだよ。

The blue one.

💡「どちらが（〜ですか）」とたずねるときは Which で文を始めます。答えるときは、具体的にほしいものや好きなものなど、選んだものを言います。

1 次の(1)と(2)の（　）に入れるのに最も適切なものを 1、2、3、4 の中から一つ選び、その番号のマーク欄をぬりつぶしましょう。（5点×2）

B は「この大きいの」と答えているね。

(1) *A :* (　　　) is your bag?

　　B : This big one.

　　　1 What　　　**2** Who
　　　3 Which　　　**4** When

(1) ① ② ③ ④

(2) *A :* Which sport do you play, soccer (　　　) baseball?

　　B : I play soccer.

　　　1 and　　　**2** but
　　　3 so　　　**4** or

(2) ① ② ③ ④

Which の文では、or（〜か…）を使って、「2つのうちのどちらですか」とたずねることもあるよ。また、(1)のように which のあとにものの名前が続かない形もよく使うんだ。

2 次の(1)と(2)の会話について、（　　）に入れるのに
最も適切なものを 1、2、3、4 の中から一つ選び、
その番号のマーク欄をぬりつぶしましょう。（10点×2）

(1) *Girl :* Which is your bike?

　　　Boy : （　　　　）

　　　1 It's yours.
　　　2 I want a blue one.
　　　　あなたのもの
　　　3 That black one.
　　　4 I like it, too.

　　　　　　　　　　　　　(1) ① ② ③ ④

(2) *Boy 1 :* （　　　　）

　　　Boy 2 : I like winter. I can ski.

　　　1 What do you want?
　　　2 When do you ski?
　　　3 Who likes sports?
　　　4 Which season do you like?
　　　　　　季節

　　　　　　　　　　　　　(2) ① ② ③ ④

3 イラストを参考にしながら英文と応答を聞き、最も
適切な応答を 1、2、3 の中から一つ選びましょう。（5点×2）

 ♪ 34

(1)

(1) ① ② ③

(2)

(2) ① ② ③

 いいにおいが
してきたよ!!

♪ 35

★音声を聞き、声に出して読みながらなぞりましょう。（10点）

あの女性はだれ？

Who is that woman?

彼女はブラウン先生だよ。

She is Mrs. Brown.

💡「だれ」とたずねるときは Who で文を始めます。答えるときは、具体的に人の名前やどんな関係かを言います。

---

1 次の(1)と(2)の（　　）に入れるのに最も適切なものを 1、2、3、4 の中から一つ選び、その番号のマーク欄をぬりつぶしましょう。（5点×2）

> B は「私の兄［弟］です」と答えているよ。

(1) *A :* (　　　) is this boy?

　　　B : He's my brother.

　　　1 What　　　**2** Who
　　　3 Whose　　　**4** How

(1) ① ② ③ ④

(2) *A :* (　　　) notebook is this?

　　　B : It's mine.

　　　1 Who　　　**2** When
　　　3 Whose　　　**4** Where

(2) ① ② ③ ④

> 「だれの（もの）」とたずねるときは Whose で文を始めるよ。Whose is this notebook? のように聞くときもあるよ。答えるときは具体的にだれのものか、持ち主を言うんだ。

2 次の会話について、（　　）に入れるのに最も適切なものを
1、2、3、4 の中から一つ選び、その番号のマーク欄を
ぬりつぶしましょう。(10点)

Girl : Who is that man over there?

Boy : (　　　)

   1 With my family.
   2 Yes, I do.
   3 To your friend.
   4 He's my math teacher.

①②③④

3 次の日本文の意味を表すように①から④までを並べかえて□□の
中に入れましょう。そして、1番目と3番目にくるものの最も適切な
組合せを一つ選び、その番号のマーク欄をぬりつぶしましょう。(10点)

あなたのクラスでだれが速く走れますか。

(① can　　　② who　　　③ fast　　　④ run)

1番目		3番目	

in your class?

   1 ② − ④　　　　　　**2** ③ − ①
   3 ① − ④　　　　　　**4** ② − ③

①②③④

4 対話と質問を聞き、その答えとして最も適切なものを
1、2、3、4 の中から一つ選びましょう。(5点×2)

♪ 36

(1) **1** Paul.　　　　　**2** The girl.
     3 Paul's aunt.　　**4** The girl's aunt.

(1) ①②③④

(2) **1** Ann's.　　　　　**2** Ken's.
     3 Ann's sister's.　**4** Ken's sister's.

(2) ①②③④

いいにおいが
してきたよ!!

♪ 37

★音声を聞き、声に出して読みながらなぞりましょう。（10点）

あなたの誕生日はいつ？

When is your birthday?

10月8日だよ。

It's October 8th.

💡「いつ」とたずねるときは、When で文を始めます。答えるときは具体的に日付や時を言います。

1 次の(1)と(2)の（　　）に入れるのに最も適切なものを 1、2、3、4 の中から一つ選び、その番号のマーク欄をぬりつぶしましょう。（5点×2）

「アンの誕生日はいつですか」という文をつくるよ。

(1) **A :** （　　　） is Ann's birthday?

B : Her birthday is May 1st.

1 What **2** Where
3 When **4** How

(1) ① ② ③ ④

(2) **A :** When do you do your homework?

B : （　　　） dinner.

1 With **2** After
3 On **4** In

(2) ① ② ③ ④

When「いつ」には、具体的な日付や時を答えるけど、B は「夕食の〜」と答えているね。after は「〜のあとに」という意味で、after dinner は「夕食後」という意味になるよ。

2 次の会話について、（　）に入れるのに最も適切なものを
1、2、3、4 の中から一つ選び、その番号のマーク欄を
ぬりつぶしましょう。（10点）

Boy : When do you study English?

Girl : (　　　)

1 In my room.
2 For an hour.
3 Every Wednesday.
4 Good afternoon.

①②③④

3 次の日本文の意味を表すように①から④までを並べかえて□の
中に入れましょう。そして、1番目と3番目にくるものの最も適切な
組合せを一つ選び、その番号のマーク欄をぬりつぶしましょう。（10点）

あなたの歴史のテストはいつですか。

(① is　　　　② history test　　　③ when　　　④ your)

1番目		3番目	

?

1 ②－④　　　　　**2** ③－④
3 ④－①　　　　　**4** ①－②

①②③④

4 対話と質問を聞き、その答えとして最も適切なものを
1、2、3、4 の中から一つ選びましょう。（5点×2）

♪ 38

(1) **1** September 10th.　**2** September 15th.
3 October 10th.　**4** October 15th.

(1) ①②③④

(2) **1** In spring.　**2** In summer.
3 In fall.　**4** In winter.

(2) ①②③④

いいにおいが
してきたよ!!

★音声を聞き、声に出して読みながらなぞりましょう。

（20点）

　♪ 39

月曜日
Monday

火曜日
Tuesday

水曜日
Wednesday

木曜日
Thursday

金曜日
Friday

土曜日
Saturday

日曜日
Sunday

週末
weekend

朝、午前
morning

夜
night

～の前に
before

～のあとに
after

1 次の(1)と(2)の会話について、(　)に入れるのに最も適切なものを <u>1、2、3、4</u> の中から一つ選び、その番号のマーク欄をぬりつぶしましょう。(10点×2)

(1) **A :** Let's play tennis (　　) school.

B : OK. See you later.

1 from　　　　**2** after

3 on　　　　　**4** with

(1) ① ② ③ ④

(2) **A :** Paul, what time do you go to bed (　　) night?

B : Around eleven.

1 at　　　　　**2** in

3 for　　　　　**4** under

(2) ① ② ③ ④

2 対話と質問を聞き、その答えとして最も適切なものを 1、2、3、4 の中から一つ選びましょう。(5点×2)

♪ 40

(1) **1** On Thursday.　　**2** On Friday.

3 On Saturday.　　**4** On Sunday.

(1) ① ② ③ ④

(2) **1** He reads books.

2 He plays baseball.

3 He plays the piano.

4 He does his homework.

(2) ① ② ③ ④

いいにおいが
してきたよ!!

21 私のかばんはどこ？
Where ～?

月　日

点

♪ 41

★音声を聞き、声に出して読みながらなぞりましょう。(10点)

私のかばんはどこ？

Where is my bag?

机の上にあるよ。

It's on the desk.

💡 「どこ」とたずねるときは Where で文を始めます。答えるときは具体的に場所や位置を言います。

「庭にいる」と場所を答えているね。

1 次の(1)と(2)の（　　）に入れるのに最も適切なものを 1、2、3、4 の中から一つ選び、その番号のマーク欄をぬりつぶしましょう。(5点×2)

(1) A : (　　　) is Ken?

B : He's in the garden.

　　1 When　　**2** Where
　　3 What　　**4** Who

(1) ① ② ③ ④

(2) A : Where does Ann play tennis?

B : (　　　) the park.

　　1 Of　　**2** From
　　3 In　　**4** After

(2) ① ② ③ ④

「どこでしますか」と聞かれて、B は「公園で（です）」のように場所を答えているよ。場所を表す in（～［の中］で）、on（～［の上］に）、under（～の下に）などの言葉を覚えよう。

2 次の会話について、（　）に入れるのに最も適切なものを
1、2、3、4 の中から一つ選び、その番号のマーク欄を
ぬりつぶしましょう。（10点）

Woman : Excuse me. Where is the police station?

　Man : （　　　　）

　　1　For two hours.　　　　**2**　From my father.
　　3　It's on Monday.　　　　**4**　It's over there.　　①②③④

3 次の日本文の意味を表すように①から④までを並べかえて▢の
中に入れましょう。そして、1番目と3番目にくるものの最も適切な
組合せを一つ選び、その番号のマーク欄をぬりつぶしましょう。（10点）

あなたはどこの出身ですか。

（ ① you　　　　② from　　　　③ are　　　　④ where ）
　　1番目　　　　　　　　　　3番目

1番目		3番目		

?

　　1　② － ③　　　　　　**2**　③ － ④
　　3　④ － ①　　　　　　**4**　① － ②　　①②③④

4 対話と質問を聞き、その答えとして最も適切なものを
1、2、3、4 の中から一つ選びましょう。（5点×2）　　 ♪ 42

(1)　**1**　In the bag.　　　　**2**　On the table.
　　　3　By the door.　　　　**4**　Under the chair.　　(1)①②③④

(2)　**1**　To the library.　　**2**　To the bookstore.
　　　3　To the park.　　　　**4**　To school.　　(2)①②③④

あと
ちょっとで
ごほうびだ…!!!

♪ 43

★音声を聞き、声に出して読みながらなぞりましょう。(10点)

天気はどう？

How is the weather?

雨が降っているよ。

It's raining.

💡 天気が「どう（〜ですか）」とたずねるときは How で文を始めます。答えるときは、具体的に天気や寒暖などを言います。

---

1 次の(1)と(2)の（　　）に入れるのに最も適切なものを 1、2、3、4 の中から一つ選び、その番号のマーク欄をぬりつぶしましょう。(5点×2)

B は「暑い」と気温について答えているね。

(1) **A :** (　　　) is the weather?

　　 B : It's hot.

　　 1 What　　　**2** Who
　　 3 Which　　**4** How

(1) ① ② ③ ④

(2) **A :** (　　　) do you come to school?

　　 B : By bus.

　　 1 When　　　**2** Where
　　 3 How　　　**4** Why

(2) ① ② ③ ④

How は、手段や方法を「どのようにして」とたずねることもあるよ。答えるときは、by（〜によって）や take a bus（バスに乗る）、ride a bike（自転車に乗る）などと言えばいいよ。

2 次の(1)と(2)の会話について、（　　）に入れるのに最も適切なものを 1、2、3、4 の中から一つ選び、その番号のマーク欄をぬりつぶしましょう。(10点×2)

(1) **Father :** （　　　）

　　　Girl : It's sunny. Let's go to the park.

　　　1 How are you?
　　　2 How's the weather?
　　　3 Where do you live?
　　　4 When is your birthday?

(1)①②③④

(2) **Boy :** （　　　）

　　　Girl : I usually walk to school.

　　　1 Where are you going?
　　　2 Whose bag is this?
　　　3 How do you get to school?
　　　4 Which is your school?

(2)①②③④

3 イラストを参考にしながら英文と応答を聞き、最も適切な応答を 1、2、3 の中から一つ選びましょう。(5点×2)

♪ 44

(1)

(1)①②③

(2)

(2)①②③

あと
ちょっとで
ごほうびだ…!!!

★音声を聞き、声に出して読みながらなぞりましょう。（10点）　♪45

ケンは英語が話せるよ。

Ken can speak English.

私はフランス語が話せないよ。

I can't speak French.

💡 「〜できます」と言うときは can を使います。また、「〜できません」と言うときは can't を使います。

---

1 次の(1)と(2)の（　　）に入れるのに最も適切なものを 1、2、3、4 の中から一つ選び、その番号のマーク欄をぬりつぶしましょう。（5点×2）

「とてもじょうずに歌える」という意味だよ。

(1) Ken (　　) sing very well.

　　1　is 　　　　　2　do
　　3　does 　　　　4　can

(1) ① ② ③ ④

(2) I can play the piano, but my sister (　　).

　　1　isn't 　　　　2　don't
　　3　can't 　　　　4　aren't

(2) ① ② ③ ④

(2)の文は「私はピアノがひけますが、私の姉［妹］はひけません」という意味。I や you 以外の 1 人の人のあとでも、can や can't の形は変わらないし、動作を表す言葉も形は変わらないよ。

2 次の（　）に入れるのに 最も適切なものを、
1、2、3、4 の中から一つ選び、その番号のマーク欄を
ぬりつぶしましょう。(10点)

I know Paul. He can (　　　) tennis very well.

1 play   **2** plays
3 playing   **4** to play   ① ② ③ ④

3 次の会話について、（　）に入れるのに 最も適切なものを
1、2、3、4 の中から一つ選び、その番号のマーク欄を
ぬりつぶしましょう。(10点)

Girl 1 : Let's go shopping this afternoon.

Girl 2 : (　　　) I have a piano lesson at three.

1 OK, I'm coming.   **2** That's a good idea.
3 Sorry, I can't.   **4** I do, too.   ① ② ③ ④

4 三つの英文を聞き、その中から絵の内容を
最もよく 表しているものを一つ選びましょう。(5点×2)

 ♪ 46

(1)

(1) ① ② ③

(2)

(2) ① ② ③

あと
ちょっとで
ごほうびだ…!!!

★音声を聞き、声に出して読みながらなぞりましょう。（10点）

♪ 47

あなたは英語を話せる？

Can you speak English?

うん、話せるよ。

Yes, I can.

💡「〜できますか」とたずねるときは、Can で文を始めます。答えるときは
Yes, 〜 can.「はい」や No, 〜 can't.「いいえ」などと言います。

1 次の(1)と(2)の（　　）に入れるのに最も
適切なものを 1、2、3、4 の中から一つ選び、
その番号のマーク欄をぬりつぶしましょう。（5点×2）

「サッカーが
できますか」という
文をつくるよ。

(1) *A :* (　　) you play soccer?

B : Yes, I can.

1 Are　　　　**2** Is
3 Can　　　　**4** Does

(1) ① ② ③ ④

(2) *A :* (　　) you come to my house?

B : OK. See you later.

1 Are　　　　**2** Is
3 Can　　　　**4** Does

(2) ① ② ③ ④

Can you 〜? は能力を聞く以外にも「〜してくれますか」
とお願いするときにも使われるよ。また、Can I 〜? は
「〜してもいいですか」とたずねるときに使われるよ。

2 次の会話について、（　）に入れるのに最も適切なものを 1、2、3、4 の中から一つ選び、その番号のマーク欄をぬりつぶしましょう。（10点）

Boy : Mom, (　　　) This question is difficult.
難しい

Mother : Sure.

1 can you help me?　　　**2** whose hat is this?
3 how are you?　　　**4** what do you need?　①②③④

3 次の日本文の意味を表すように①から④までを並べかえて☐の中に入れましょう。そして、1番目と3番目にくるものの最も適切な組合せを一つ選び、その番号のマーク欄をぬりつぶしましょう。（10点）

窓を閉めてくれますか、アン。

(① you　　　② can　　　③ the window　　　④ close)

1番目		3番目	

, Ann?

1 ① − ③　　　**2** ③ − ④
3 ② − ④　　　**4** ① − ②　①②③④

4 イラストを参考にしながら英文と応答を聞き、最も適切な応答を 1、2、3 の中から一つ選びましょう。（5点×2）

 ♪ 48

(1)

(2)

(1) ①②③

(2) ①②③

あと
ちょっとで
ごほうびだ…!!!

月　日
点

♪ 49

★音声を聞き、声に出して読みながらなぞりましょう。
（20点）

1月

1月

2月

3月

January　February　March

4月

5月

6月

April　May　June

7月

8月

9月

July　August　September

10月

11月

12月

October　November　December

1 次の（　　）に入れるのに最も適切なものを1、2、3、4の中から一つ選び、その番号のマーク欄をぬりつぶしましょう。（10点）

April is the fourth (　　　) of the year.

1 day　　　　　　　　　**2** week
3 month　　　　　　　　**4** date　　　　① ② ③ ④

2 次の日本文の意味を表すように①から④までを並べかえて□□の中に入れましょう。そして、1番目と3番目にくるものの最も適切な組合せを一つ選び、その番号のマーク欄をぬりつぶしましょう。（10点）

アンは2月にスキーへ行きます。

（ ① in　　　　② skiing　　　　③ goes　　　　④ February ）

Ann ［　1番目　］［　　　　］［　3番目　］［　　　　］.

1 ②－④　　　　　　　**2** ③－①
3 ④－③　　　　　　　**4** ①－②　　　① ② ③ ④

3 対話と質問を聞き、その答えとして最も適切なものを1、2、3、4の中から一つ選びましょう。（5点×2） ♪ 50

(1) **1** In May.　　　　　**2** In June.
3 In July.　　　　**4** In August.　　(1) ① ② ③ ④

(2) **1** It's March 4th.　　**2** It's March 5th.
3 It's March 14th.　**4** It's March 15th.　(2) ① ② ③ ④

あと
ちょっとで
ごほうびだ…!!!

♪ 51

★音声を聞き、声に出して読みながらなぞりましょう。（10点）

この本はいくらですか。

How much is this book?

500円です。

It's five hundred yen.

💡「いくら」と値段をたずねるときは How much で文を始めます。答えるときは
具体的に値段を言います。数の言い方も覚えましょう。

---

1 次の(1)と(2)の（　　）に入れるのに 最 も
適切なものを 1、2、3、4 の中から一つ選び、
その番号のマーク欄をぬりつぶしましょう。（5点×2）

B は値段を答えて
いるね。

(1) A : (　　　) much is this bag?

　　B : It's 30 dollars.
　　　　　ドル

　　　　1 What　　　**2** Which

　　　　3 Whose　　**4** How

(1) ① ② ③ ④

(2) A : How (　　　) dogs do you have?

　　B : I have two.

　　　　1 many　　　**2** much

　　　　3 old　　　　**4** tall

(2) ① ② ③ ④

値段をたずねるときは How much を使うけど、「いくつ」とものの数をた
ずねるときは How many を使うよ。答えるときは具体的に数を答えよう。

2 次の (1) と (2) の会話について、( ) に入れるのに最も適切なものを 1、2、3、4 の中から一つ選び、その番号のマーク欄をぬりつぶしましょう。(10点×2)

(1) **Woman :** How much is this apple pie?

　　　Man : ( )

　　1　It's sunny.
　　2　I want this one.
　　3　It's five dollars.
　　4　I'm hungry.

(1)　① ② ③ ④

(2) **Boy :** How many students are in your class?

　　　Girl : ( )

　　1　I have a sister.
　　2　Ten dollars, please.
　　3　I have six classes today.
　　4　About thirty.
　　　　約

(2)　① ② ③ ④

3 対話と質問を聞き、その答えとして最も適切なものを 1、2、3、4 の中から一つ選びましょう。(5点×2)

♪ 52

(1)　1　$14.　　　2　$15.
　　　3　$40.　　　4　$50.

(1)　① ② ③ ④

(2)　1　About ten.　　　2　About twenty.
　　　3　About thirty.　　4　About forty.

(2)　① ② ③ ④

いっぱい
たべて
げんきをつけよう！

★音声を聞き、声に出して読みながらなぞりましょう。（10点）

♪ 53

あなたは何さい？

How old are you?

12さいだよ。

I'm twelve years old.

💡「何さい」とたずねるときは How old で文を始め、具体的に年れい（数）を答えます。years old は省略されることもあります。

---

1 次の(1)と(2)の（　　）に入れるのに最も適切なものを 1、2、3、4 の中から一つ選び、その番号のマーク欄をぬりつぶしましょう。（5点×2）

B は「彼女は10さいです」と答えているね。

(1) **A :** How (　　　) is your sister?

　　　B : She's ten.

　　1　much　　　　2　many
　　3　old　　　　　4　tall

(1) ① ② ③ ④

(2) **A :** How (　　　) is that tower?
　　　　　　　　　　　　　　タワー、とう
　　　B : It's 200 meters.

　　1　old　　　　　2　often
　　3　about　　　　4　tall

(2) ① ② ③ ④

How tall は「どのくらいの高さ」という意味。How much（いくら）、How many（いくつ）、How old（何さい）など、How を使ったいろいろなたずね方があるので注意しよう。

2 次の会話について、（　　）に入れるのに最も適切なものを
1、2、3、4 の中から一つ選び、その番号のマーク欄を
ぬりつぶしましょう。（10点）

Girl : How old is your brother?

Boy : (　　　　)

   1 He's nice.   **2** He's five years old.

   3 His name is Ken.   **4** It's four o'clock.   ①②③④

3 次の日本文の意味を表すように①から④までを並べかえて ☐ の
中に入れましょう。そして、1番目と3番目にくるものの最も適切な
組合せを一つ選び、その番号のマーク欄をぬりつぶしましょう。（10点）

アンのイヌは何さいですか。

(① old   ② Ann's   ③ is   ④ how)

1番目		3番目	

dog?

   1 ③ － ①   **2** ④ － ③

   3 ② － ④   **4** ① － ②   ①②③④

4 対話と質問を聞き、その答えとして最も適切なものを
1、2、3、4 の中から一つ選びましょう。（5点×2）　　♪ 54

(1) **1** 30.   **2** 35.

     3 40.   **4** 45.   (1)①②③④

(2) **1** 100 meters.   **2** 200 meters.

     3 300 meters.   **4** 400 meters.   (2)①②③④

いっぱい
たべて
げんきをつけよう！

★音声を聞き、声に出して読みながらなぞりましょう。（10点）

♪ 55

何時？

What time is it?

3時だよ。

It's three o'clock.

💡 「何時」とたずねるときは What time で文を始めます。答えるときは、具体的に時刻を言います。

---

1 次の(1)と(2)の（　）に入れるのに最も適切なものを 1、2、3、4 の中から一つ選び、その番号のマーク欄をぬりつぶしましょう。（5点×2）

B は時刻を答えているよ。

(1) A : What (　　) is it, Meg?

B : It's 2:00.

1　animal　　　2　time
3　color　　　4　subject

(1) ① ② ③ ④

(2) A : What time do you usually get up?

B : (　　) 6:30.

1　On　　　2　In
3　At　　　4　With

(2) ① ② ③ ④

「何時に〜しますか」とたずねられて、「〜時に」と答えるときは、at のあとに時刻を表す数を続けるよ。時刻は〈時＋分〉の順番で表すよ。

2 次の会話について、（　　）に入れるのに最も適切なものを
1、2、3、4 の中から一つ選び、その番号のマーク欄を
ぬりつぶしましょう。(10点)

Girl : What time is it?

Boy : (　　　　)

1 It's one.　　　　　　　**2** She's nine.

3 For three hours.　　　　**4** On Wednesdays.　　① ② ③ ④

3 次の日本文の意味を表すように①から④までを並べかえて□の
中に入れましょう。そして、1番目と3番目にくるものの最も適切な
組合せを一つ選び、その番号のマーク欄をぬりつぶしましょう。(10点)

コンサートは何時に始まりますか。

(① time　　　② does　　　③ what　　　④ the concert)
　1番目　　　　　　　　　3番目

				start?

1 ② － ④　　　　　　　**2** ③ － ②

3 ③ － ①　　　　　　　**4** ④ － ③　　　① ② ③ ④

4 対話と質問を聞き、その答えとして最も適切なものを
1、2、3、4 の中から一つ選びましょう。(5点×2)　　♪ 56

(1) **1** At 3:00.　　　　**2** At 3:30.

　　3 At 4:00.　　　　**4** At 4:30.　　(1) ① ② ③ ④

(2) **1** At 10:12.　　　**2** At 10:15.

　　3 At 10:20.　　　**4** At 10:50.　　(2) ① ② ③ ④

いっぱい
たべて
げんきをつけよう！

月　日

点

♪ 57

★音声を聞き、声に出して読みながらなぞりましょう。(10点)

手伝ってくれてありがとう。

Thank you for your help.

どういたしまして。

You're welcome.

💡 「ありがとう」とお礼を言うときは Thank you. と言います。こう言われたら You're welcome.「どういたしまして」などと応じます。

1 次の(1)と(2)の（　）に入れるのに最も適切なものを 1、2、3、4 の中から一つ選び、その番号のマーク欄をぬりつぶしましょう。(5点×2)

「～をありがとう」という文をつくるよ。

(1) *A :* Thank you (　　　) your present.
プレゼント

　　　B : You're welcome.

　　　1 on　　　　**2** with
　　　3 for　　　　**4** from

(1) ① ② ③ ④

(2) *A :* Do you (　　　) some tea?

　　　B : No, thank you.

　　　1 want　　　　**2** play
　　　3 speak　　　　**4** rain

(2) ① ② ③ ④

B の No, thank you. は「いいえ、結構です、ありがとう」という意味で、断るときに使うよ。A は「お茶がほしいですか」とたずねている文にするよ。

2 次の会話について、（　）に入れるのに最も適切なものを
1、2、3、4の中から一つ選び、その番号のマーク欄を
ぬりつぶしましょう。（10点）

Mother : Bye, Paul. Have a good time.

　Boy : （　　　　）

　　1 You're welcome.　　　　**2** Thanks, Mom.

　　3 Good afternoon.　　　　**4** It's cloudy today.　　①②③④

3 次の日本文の意味を表すように①から④までを並べかえて□の
中に入れましょう。そして、1番目と3番目にくるものの最も適切な
組合せを一つ選び、その番号のマーク欄をぬりつぶしましょう。（10点）

絵はがきをありがとう。

（ ① you　　　　② thank　　　　③ for　　　　④ your ）

1番目		3番目	
				postcard.

　　1 ② － ③　　　　　　**2** ② － ①

　　3 ④ － ①　　　　　　**4** ④ － ③　　　①②③④

4 イラストを参考にしながら英文と応答を聞き、最も
適切な応答を 1、2、3 の中から一つ選びましょう。（5点×2）

 ♪ 58

(1)

(1) ①②③

(2)

(2) ①②③

いっぱい
たべて
げんきをつけよう！

★音声を聞き、声に出して読みながらなぞりましょう。(20点)

♪ 59

おはよう。

Good morning.

おやすみなさい。

Good night.

またね。

See you later.

よい週末を。

Have a nice weekend.

わかりました。

All right.

いいですよ。はい、どうぞ。

Sure.　Here you are.

お願いなどをされて「いいよ」「わかりました」と言うときは、
ほかに Of course. や OK. なども使うよ。

1 次の(1)と(2)の会話について、(　)に入れるのに最も適切なものを 1、2、3、4 の中から一つ選び、その番号のマーク欄をぬりつぶしましょう。(10点×2)

(1) **Mother :** Paul, (　　　)

    Boy : OK, Mom. Good night.

   1 dinner is ready.
   2 please help me.
   3 it's time for bed.
   4 I'm home.

(1) ① ② ③ ④

(2) **Boy :** Can I use your dictionary?

    Girl : Sure. (　　　)

   1 I don't like it.
   2 That's right.
   3 No, thanks.
   4 Here you are.

(2) ① ② ③ ④

2 イラストを参考にしながら英文と応答を聞き、最も適切な応答を 1、2、3 の中から一つ選びましょう。(5点×2)

♪ 60

(1)

(1) ① ② ③

(2)

(2) ① ② ③

いっぱい
たべて
げんきをつけよう！

まとめテスト ❶

1 次の(1)から(5)までの (　　) に入れるのに
最も適切なものを 1、2、3、4 の中から一つ選び、
その番号のマーク欄をぬりつぶしなさい。(10点×5)

(1) Meg likes music. She can play the (　　).

1　class　　　　2　guitar

3　racket　　　　4　chalk

(1) ① ② ③ ④

(2) A : What (　　) do you like?

B : I like red.

1　subject　　　2　food

3　color　　　　4　season

(2) ① ② ③ ④

(3) My brother and I sometimes (　　) dinner on Sunday.

1　speak　　　　2　run

3　meet　　　　4　cook

(3) ① ② ③ ④

(4) Paul often watches baseball games on TV (　　) night.

1　at　　　　　　2　of

3　in　　　　　　4　about

(4) ① ② ③ ④

(5) A : Who is that woman over there?

B : (　　) is Ms. Smith.

1　He　　　　　　2　She

3　They　　　　　4　We

(5) ① ② ③ ④

2 次の(1)と(2)の会話について、（　　）に入れるのに最も適切なものを 1、2、3、4 の中から一つ選び、その番号のマーク欄をぬりつぶしなさい。(10点×2)

(1) *Girl :* Wow! This T-shirt is nice. How much is it?

　　　Man : (　　　　)

　　　　1 I like this one.　　**2** That's a good idea.
　　　　3 It's 20 dollars.　　**4** He's 13 years old.

(1)①②③④

(2) *Student :* Goodbye, Ms. Smith.

　　　Teacher : (　　　　)

　　　Student : Thank you. You, too.

　　　　1 Have a nice weekend.　**2** Please sit down.
　　　　3 I don't know.　　　　**4** Good morning.

(2)①②③④

3 次の(1)と(2)の日本文の意味を表すように①から④までを並べかえて、□の中に入れなさい。そして、1番目と3番目にくるものの最も適切な組合せを一つ選び、その番号のマーク欄をぬりつぶしなさい。(15点×2)

(1) アンは電話で話しています。

　　(① talking　　② the phone　　③ on　　④ is)

　　　　　　1番目　　　　　　　　3番目
　　Ann [　　　] [　　　] [　　　] [　　　] .

　　　　1 ① － ②　　　　　　**2** ④ － ③
　　　　3 ② － ③　　　　　　**4** ① － ④

(1)①②③④

(2) クッキーを食べてもいいですか。

　　(① I　　② can　　③ some　　④ have)

　　　1番目　　　　　　　　3番目
　　[　　　] [　　　] [　　　] [　　　] cookies?

　　　　1 ① － ②　　　　　　**2** ③ － ①
　　　　3 ④ － ③　　　　　　**4** ② － ④

(2)①②③④

まとめテスト ❷

1 イラストを参考にしながら英文と応答を聞き、最も
適切な応答を 1、2、3 の中から一つ選びなさい。（8点×6）

　♪ 61

(1)

(1) ① ② ③

(2)

(2) ① ② ③

(3)

(3) ① ② ③

(4)

(4) ① ② ③

(5)

(5) ① ② ③

(6)

(6) ① ② ③

2 対話と質問を聞き、その答えとして最も適切な
ものを 1、2、3、4 の中から一つ選びなさい。（10点×2）

  ♪ 62

(1) 1 June 7th.
2 June 13th.
3 July 7th.
4 July 13th.

(1) ① ② ③ ④

(2) 1 In his room.
2 In the garden.
3 In the library.
4 In the park.

(2) ① ② ③ ④

3 三つの英文を聞き、その中から絵の内容を
最もよく表しているものを一つ選びなさい。（8点×4）

 ♪ 63

(1)

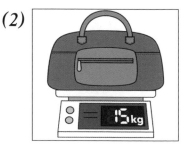

(1) ① ② ③

(2)

(2) ① ② ③

(3)

(3) ① ② ③

(4)

(4) ① ② ③

答えのページ

01 私はケンです

1 (1)①   (2)③
2 ②   **3** ④
4 (1)③   (2)②

1 (1) 私はポールです。はじめまして。

（解説）Iのあとなのでamを選ぶ。

(2) 私の名前はメグです。私はシドニー出身です。　1　スポーツ　2　果物　3　名前　4　音楽

2 男の子：私はオーストラリア出身です。あなたはどうですか。　女の子：私はカナダ出身です。　1　そのとおりです。　2　私はカナダ出身です。　3　どういたしまして。　4　ただいま。

（解説）I'm from ～.は「私は～出身です」の意味で、自己しょうかいなどでよく使われる。

3 Nice to meet you, Mr. Smith.

（解説）Nice to meet you.は初対面のあいさつ。

（リスニング）

4 (1) A: What's your name? 　1　Me, too. 　2　Thank you. 　3　My name is Ken. 　A：あなたの名前は何ですか。　1　私もです。　2　ありがとう。　3　私の名前はケンです。　(2) A: Hi, I'm Paul. Nice to meet you. 　1　Fine, thank you. 　2　Nice to meet you, too. 　3　Yes, I am. 　A：やあ、私はポールです。はじめまして。　1　元気です、ありがとう。　2　こちらこそ、はじめまして。　3　はい、そうです。

（解説）(2) Nice to meet you.と言われたら、ふつうNice to meet you, too.と答える。

02 元気？

1 (1)④   (2)②
2 (1)④   (2)③
3 (1)③   (2)①

1 (1) A：やあ、ポール。元気ですか。B：私は元気です、ありがとう。　1　何　2　だれ　3　いつ　4　どのようで

(2) A：おはよう、メグ。元気ですか。　B：私は元気です、ありがとう。　1　くもった　2　元気な　3　3番目の　4　おそい

2 (1) 男の子：やあ、アン。今日は元気ですか。　女の子：元気です、ありがとう。　1　それは私のものです。　2　いいですよ、はい、どうぞ。　3　それはいい考えですね。　4　元気です、ありがとう。

（解説）「元気です」と答えるとき、簡単にFine, thanks.のように言うこともある。

(2) 先生：おはよう、ケン。元気ですか。　生徒：私は元気です、ありがとうございます、スミス先生。あなたはどうですか。　1　何時ですか。　2　今日は何曜日ですか。　3　元気ですか。　4　あなたは何さいですか。

（解説）生徒の答えから、相手が元気かどうかたずねていると考えられるので3が適切。

（リスニング）

3 (1) A: Hi, Ken. How are you this morning? 　1　It's hot today. 　2　I'm sorry. 　3　I'm fine, thank you. 　A：やあ、ケン。今朝は元気ですか。　1　今日は暑いです。　2　ごめんなさい。　3　私は元気です、ありがとう。　(2) A: How are you, Ann? 　1　Good, thanks.

2 I'm from Japan.　　**3**　Have a good time.　A：元気ですか、アン。　　**1**　元気です、ありがとう。　　**2**　私は日本出身です。　　**3**　よい時を過ごしてください。

解説 「元気です」と答えるときは、fineのほかに、goodやgreatなどを使うこともある。

03 私の父は料理人です

1 (1) ③　　　(2) ②
2 ③　　　**3** ②
4 (1) ①　　　(2) ③

1 (1) 彼女は科学部に入っています。

解説 Sheのあとなのでisを選ぶ。

(2) ケンとアンは同級生です。

解説 Ken and Annは複数の人なのでareを選ぶ。

2 男の子：あなたはあの男の子たちを知っていますか、アン。　女の子：はい。彼らは私の友達です。　**1**　晴れています。　**2**　あなたもね。　**3**　彼らは私の友達です。　**4**　私はカナダ出身です。

解説 女の子が「はい」と答えているので、男の子たちがだれなのかを説明している**3**が適切。このTheyはthose boysのこと。

3 Paul is a good swimmer.

解説 「ポールはよい水泳選手です」→「泳ぐのがじょうず」ということ。

（リスニング）

4 (1) **1**　Ms. Hill is a cook.　**2**　Ms. Hill is a singer.　**3**　Ms. Hill is a doctor.　**1**　ヒルさんは料理人です。　**2**　ヒルさんは歌手です。　**3**　ヒルさんは医師です。　(2) **1**　The students are in the pool.　**2**　The students are in the gym.　**3**　The students are in the classroom.　**1**　生徒たちはプールにいます。　**2**　生徒たちは体育館にいます。　**3**　生徒たちは教室にいます。

解説 are in the 〜で「〜にいます」という意味。生徒たちが教室にいるので**3**が適切。

04 あなたはポール？

1 (1) ②　　　(2) ③
2 (1) ②　　　(2) ④
3 (1) ①　　　(2) ②

1 (1) A：あなたはおなかが空いていますか。　B：はい、空いています。

解説 youの前であることと、Bの答えからAreを選ぶ。

(2) A：あなたのお兄さんは高校生ですか。B：いいえ、ちがいます。

解説 your brotherは1人の人なのでIsを選ぶ。

2 (1) 母親：夕食の準備はできていますか、ポール。　男の子：はい、食べましょう。　**1**　それはあなたのかばんですか、　**2**　夕食の準備はできていますか、　**3**　手伝ってくれますか、　**4**　あなたはピアノのレッスンがありますか、

解説 男の子が「はい、食べましょう」と答えているので、食事に関連する**2**が適切。

(2) 女の子：ケン、これはあなたの筆箱ですか。　男の子：いいえ、ちがいます。それはアンのです。　**1**　私は知りません。　**2**　はい、お願いします。　**3**　はい、私たちはそうです。　**4**　いいえ、ちがいます。

解説 男の子が「それはアンのです」と答えているので、自分の筆箱ではないという意味の**4**が適切。Ann'sは「アンのもの」という意味。

3 *(1)* A: Are you a new student?
1 Yes, I am.　**2** No, thank you.
3 It's hot.　A：あなたは新入生ですか。
1 はい、そうです。　**2** いいえ、結構
です。　**3** 暑いです。　*(2)* A: Is this
your notebook?　**1** No, I'm not.
2 Yes, it is.　**3** That's all.　A：これ
はあなたのノートですか。　**1** いいえ、
ちがいます。　**2** はい、そうです。　**3**
それで全部です。

解説 *(2)*「これは〜ですか」とたずねている
ので、「はい、そうです」と答えている**2**が適
切。thisは答えの文ではitになる。

05 英検5級でよく出る単語①

1 *(1)* ④　　　*(2)* ②
2 *(1)* ④　　　*(2)* ③

1 *(1)* スミスさんは医師です。彼女は病院で
働いています。　**1** ダンサー　**2** 歌
手　**3** パイロット　**4** 医師
解説 2文目の「病院で働いている」に注目
する。「病院」と関連が深いのは**4**。
(2) 私には姉[妹]が1人います。彼女の名前
はメグです。　**1** 兄[弟]　**2** 姉
[妹]　**3** 父親　**4** 祖父
解説 2文目で「彼女の名前は」と言ってい
るので、それに合うのは**2**のsisterだけ。

2 *(1)* A: Do you play the piano, Ann?
B: No, Ken. But my mother does.
Question: Who plays the piano?　A：あ
なたはピアノをひきますか、アン。B：いい
え、ケン。でも私の母はひきます。　質問：
だれがピアノをひきますか。　**1** ケン。

2 アン。　**3** ケンの母親。　**4** アン
の母親。
解説 B（アン）が「でも私の母はひきます」
と答えていることから判断する。このdoesは
plays the pianoのこと。
(2) A: Do you play baseball, Paul?　B:
No, Meg. But my brother is a good
baseball player.　Question: Who is a
good baseball player?　A：あなたは野
球をしますか、ポール。　B：いいえ、メグ。
でも私の兄[弟]はよい野球選手です。　質
問：だれがよい野球選手ですか。　**1**
ポール。　**2** メグ。　**3** ポールの兄
[弟]。　**4** メグの兄[弟]。

06 私はサッカーをするよ

1 *(1)* ④　　　*(2)* ③
2 ②　　　　**3** ③
4 *(1)* ③　　　*(2)* ①

1 *(1)* 私は音楽が好きです。私はピアノをひ
きます。　**1** ねむる　**2** 住んでいる
3 歩く　**4** 〜が好きだ
解説 空所のあとにmusic（音楽）が続くもの
として**4**が適切。
(2) 私は自転車を持っていません。

2 A：あなたは野球が好きですか、ケン。
B：はい。私はよくテレビで野球の試合を見
ます。　**1** 〜を読む　**2** 〜を見る
3 〜を手伝う　**4** 〜を閉める
解説 空所のあとに続くbaseball games（野
球の試合）やon TV（テレビで）から、**2**が適
切。

3 I wash the dishes after dinner.
解説 「皿を洗う」はwash the dishes。
after dinnerは「夕食後」という意味。

4 *(1)* A: I like cats. How about you?
1 That's great. **2** Thank you.
3 I don't like cats. 私はネコが好きです。あなたはどうですか。 **1** それはすごい。 **2** ありがとう。 **3** 私はネコが好きではありません。 *(2)* A: I really like this movie. **1** I do, too. **2** It's cold. **3** Yes, you are. A: 私は本当にこの映画が好きです。 **1** 私も好きです。 **2** 寒いです。 **3** はい、あなたはそうです。

解説 このI do, too.はI like it, too.ということ。ほかの選択肢では内容がつながらない。

07 メグは音楽が好きだよ

1 *(1)* ④　　　*(2)* ②
2 ①　　　**3** ①
4 *(1)* ②　　　*(2)* ③

1 *(1)* 彼はリンゴがとても好きです。
解説 I、you以外の1人の人のあとに続くのでsがついた形のlikesを選ぶ。play（〈スポーツ〉をする）では、意味が通らない。
(2) 私はテニスをしますが、私の姉［妹］はしません。
2 ケンは毎朝午前6時に起きます。 **1** (get upで)起きる **2** 行く **3** 〜をする **4** 〜を持っている
解説 選択肢はどれもI、you以外の1人の人のときに使う形。ふつうsやesをつけるが、have（〜を持っている）は特別にhasになる。
3 Mr. Smith doesn't speak Japanese.
解説 「話さない」という文はspeak（〜を話す）の前にdoesn'tを置いてつくる。

4 *(1)* **1** Ann has a cat. **2** Ann has a bird. **3** Ann has a rabbit. **1** アンはネコを飼っています。 **2** アンは鳥を飼っています。 **3** アンはウサギを飼っています。 *(2)* **1** Ken usually does his homework at nine. **2** Ken usually takes a bath at nine. **3** Ken usually goes to bed at nine. **1** ケンはたいてい9時に宿題をします。 **2** ケンはたいてい9時にふろに入ります。 **3** ケンはたいてい9時にねます。

解説 go to bedは「ねる」という意味。時刻を表すときはatのあとに数を続ける。

08 あなたは音楽が好き？

1 *(1)* ③　　　*(2)* ④
2 ③　　　**3** ④
4 *(1)* ③　　　*(2)* ②

1 *(1)* A：あなたは動物が好きですか。B：はい、私はイヌを2ひき飼っています。
(2) A：ケンはバスケットボールをしますか。B：いいえ、しません。
2 母親：水がほしいですか、ポール。 男の子：はい、お願いします。 **1** はい、どうぞ。 **2** 私はここにいます。 **3** はい、お願いします。 **4** それで全部です。
解説 母親に「水がほしいか」と聞かれて、「はい、お願いします」と答えている3が適切。1のHere you are.は人にものを手わたすときに使う表現。
3 Does she play tennis after school?
解説 「彼女は〜しますか」という文はDoesで文を始める。

4 (1) A: Do you know that boy?　**1** No, thank you.　**2** Yes, you are.　**3** No, I don't.　A：あなたはあの男の子を知っていますか。　**1** いいえ、結構です。　**2** はい、あなたはそうです。　**3** いいえ、知りません。　(2) A: Does your mother speak French?　**1** Yes, let's.　**2** Yes, she does.　**3** Yes, I love it.　A：あなたのお母さんはフランス語を話しますか。　**1** はい、そうしましょう。　**2** はい、話します。　**3** はい、私はそれが大好きです。

解説 Does〜?でたずねているので、doesを使って答える。

09 窓を閉めてください

1 (1)① 　(2)④
2 ④ 　**3** ②
4 (1)① 　(2)②

1 (1) A：ケン、私を手伝ってください。B：いいですよ。

解説 「手伝ってください」と指示しているので、sやingなどがつかない形の**1**を選ぶ。このKenは呼びかけの言葉。

(2) 教科書の50ページを開いてください。　**1** 〜を話す　**2** 〜に会う　**3** とぶ　**4** 〜を開く

解説 空所のあとのyour textbooks（あなたたちの教科書）から、**4**が適切。

2 A：すみません。ここでは静かにしてください。B：ああ、ごめんなさい。

解説 Beはam, are, isのもとの形で、「〜しなさい」と指示する文で使う。

3 Please come to my house on Sunday.

解説 この文ではカンマ (,) がないので、pleaseは文の最初に置く。

4 (1) A: Brush your teeth, Ann.　**1** OK, Dad.　**2** It's mine.　**3** Yes, please.　A：歯をみがきなさい、アン。　**1** わかりました、お父さん。　**2** それは私のものです。　**3** はい、お願いします。　(2) A: Clean the table.　**1** Fine, thanks.　**2** All right.　**3** In the kitchen.　A：テーブルをきれいにして。　**1** 元気です、ありがとう。　**2** わかりました。　**3** 台所です。

解説 「〜しなさい」の文に「わかりました」と答えるときは、(1)のOK.や(2)のAll right. などがよく使われる。

10 英検5級でよく出る単語②

1 (1)③ 　(2)④
2 (1)① 　(2)③

1 (1) A：アンのために花を買いましょう。B：それはいい考えですね。　**1** 〜を話す　**2** 〜をそうじする　**3** 〜を買う　**4** 〜を知っている

解説 空所のあとにsome flowers（いくつかの花）やfor 〜（〜のために）が続くので、**3**を選ぶと意味が通る。

(2) A：ここにあなたの名前を書いてください。このペンを使って。　B：わかりました。　**1** 〜を飲む　**2** 働く　**3** 〜を教える　**4** 〜を書く

解説 空所のあとのyour name（あなたの名前）やpen（ペン）から、**4**が適切。

2 *(1)* 1　Mr. Smith drinks coffee every morning.　2　Mr. Smith reads the newspaper every morning.　3　Mr. Smith eats toast every morning.　**1** スミスさんは毎朝コーヒーを飲みます。　2　スミスさんは毎朝新聞を読みます。　3　スミスさんは毎朝トーストを食べます。

解説 drink coffeeは「コーヒーを飲む」。

(2) 1　Meg can ski well.　2　Meg can cook well.　3　Meg can swim well.　**1** メグはじょうずにスキーができます。　2　メグはじょうずに料理ができます。　3　メグはじょうずに泳げます。

11 走ってはいけません

1 *(1)* ③　　*(2)* ①
2 ②　　**3** ③
4 *(1)* ③　　*(2)* ①

1 *(1)* この部屋で食べてはいけません。

解説 「～してはいけません」という文をつくるのでDon'tを選ぶ。空所のあとにeat（食べる）が続いていることにも注目する。

(2) 写真をとりましょう、メグ。

解説 Let'sのあとにくる動作を表す語は、sやingなど何もつかない形にする。

2 先生：授業中は話してはいけません、ポール。　生徒：ごめんなさい、スミス先生。　1　私はロンドン出身です、　2　ごめんなさい、　3　それはすごい、　4　近いうちに会いましょう、

解説 先生に注意されているので、生徒が「ごめんなさい」とあやまっている**2**が適切。

3 Let's have curry for lunch.

解説 「～しましょう」という文はLet'sで文を

始める。「昼食（のため）に」はfor lunch。

4 *(1)* A: Let's play video games.　**1** I'm home.　2　Good morning.　3　All right.　A：テレビゲームをしましょう。　**1** ただいま。　2　おはよう。　3　いいですよ。　*(2)* A: Don't run in the classroom.　**1** OK, Ms. Smith.　2　It's cloudy.　3　Have a good time.　A：教室で走ってはいけません。　**1** わかりました、スミス先生。　2　くもっています。　3　楽しんでください。

解説 「～してはいけません」「～しましょう」と言われて「いいですよ」「わかりました」と答えるときは、All right.やOK.などを使う。

12 これは彼の本？

1 *(1)* ②　　*(2)* ④
2 *(1)* ①　　*(2)* ③
3 *(1)* ③　　*(2)* ②

1 *(1)* こちらは私の兄［弟］です。彼の名前はケンです。　1　彼は　2　彼の　3　彼を、彼に　4　彼女の、彼女を

(2) A：あれはあなたの自転車ですか、アン。B：はい、それは私のものです。　1　私は　2　私の　3　私を、私に　4　私のもの

2 *(1)* A：あなたはあの女の子を知っていますか。　B：はい。私は彼女をとてもよく知っています。　1　彼女を　2　彼を　3　私たちを　4　彼らを

解説 knowのあとにきて、that girl（あの女の子）を受けるので、**1**が適切。

(2) 私には姉［妹］が2人います。彼女たちの名前はリサとアンです。　1　彼の　2

彼女の　　**3**　彼女たちの　　**4**　それの

解説 two sisters（2人の姉[妹]）を受けているので、**3**のtheir（彼女たちの）が適切。

リスニング

3 (1) A: Are these dolls yours?　　**1** It's cute.　　**2** Yes, a little.　　**3** Yes, they are.　　A：これらの人形はあなたのものですか。　　**1** それはかわいいです。　　**2** はい、少し。　　**3** はい、それらはそうです。　　(2) A: Is this your bag?　　**1** No, thanks.　　**2** No, it's my father's.　　**3** That's great.　　A：これはあなたのかばんですか。　　**1** 結構です、ありがとう。　　**2** いいえ、それは私の父のものです。　　**3** それはすてきです。

解説 人を表す語や名前のあとに's をつけると、「～の」「～のもの」という意味を表す。

13 勉強をしているよ

1 (1) ③　　　(2) ②
2 ④　　　　　**3** ③
4 (1) ③　　　(2) ①

1 (1) 私はギターをひいています。

解説 I'mはI amを縮めた形。amのあとなので、動作を表す語はingをつけた形にする。

(2) その男の子たちは公園で走っています。

解説 The boys（その男の子たち）は複数の人を表すので、areを使う。

2 アンは友達に手紙を書いています。
1 電話をしている　　**2** ねむっている
3 作っている　　**4** 書いている

解説 空所のあとにa letter（手紙）が続いているので、関連のある**4**のwritingが適切。

3 He is playing tennis with his friend.

解説 isのあとにplayingを続ける。「（彼の）

友達と」はwith his friend。

リスニング

4 (1) **1** Ken is washing an apple.　　**2** Ken is cutting an apple.　　**3** Ken is eating an apple.　　**1** ケンはリンゴを洗っています。　　**2** ケンはリンゴを切っています。　　**3** ケンはリンゴを食べています。　　(2) **1** Meg is listening to music.　　**2** Meg is taking a picture.　　**3** Meg is watching TV.　　**1** メグは音楽を聞いています。　　**2** メグは写真をとっています。　　**3** メグはテレビを見ています。

解説 音楽を聞いている絵なので**1**が適切。「音楽を聞く」はlisten to music。

14 何をしているの?

1 (1) ①　　　(2) ③
2 ②　　　　　**3** ①
4 (1) ③　　　(2) ④

1 (1) A：ケン、あなたは何をしているのですか。　　B：私はギターをひいています。
1 何　　**2** どこに　　**3** だれ　　**4** だれの　　(2) A：メグは何を作っていますか。　　B：サンドイッチです。　　**1** 演奏している　　**2** ねむっている　　**3** 作っている　　**4** 雨が降っている

2 女の子1：あなたは何を食べていますか。　女の子2：クッキーです。　　**1** 台所で。　　**2** クッキーです。　　**3** 私は料理をしています。　　**4** それは私のものです。

解説 女の子1は食べているものをたずねているので、**2**が適切。

3 What is Ann looking at?

解説 Whatで文を始める。「～を見る」は

look at 〜。

4 (1) A: Paul, are you reading? B: No. I'm doing my homework. *Question:* What is Paul doing? A：ポール、あなたは読書をしていますか。 B：いいえ。私は宿題をしています。 質問：ポールは何をしていますか。 1 部屋をそうじしています。 2 音楽を聞いています。 3 宿題をしています。 4 読書をしています。 (2) A: Do you want some tea, Ann? B: No, thanks. I'm drinking milk now. *Question:* What is Ann drinking now? A：あなたは紅茶がほしいですか、アン。 B：いいえ、結構です。私は今牛乳を飲んでいます。 質問：アンは今何を飲んでいますか。 1 紅茶。 2 オレンジジュース。 3 コーヒー。 4 牛乳。

解説 アンが今飲んでいるものを選ぶ。1のTea.はAから飲みたいかと聞かれたもの。

2 (1) A: Meg, are you reading a book? B: No, Mom. I'm doing my homework. *Question:* What is Meg doing? A：メグ、あなたは本を読んでいますか。 B：いいえ、お母さん。私は宿題をしています。 質問：メグは何をしていますか。 1 本を読んでいます。 2 手紙を書いています。 3 宿題をしています。 4 母親を手伝っています。

解説 メグがしていることを選ぶ。1は母親がたずねたこと。

(2) A: Do you like painting, Paul? B: No. But I often take pictures. *Question:* What does Paul often do? A：あなたは絵をかくことが好きですか、ポール。 B：いいえ。でもよく写真をとります。 質問：ポールはよく何をしますか。 1 彼はテレビを見ます。 2 彼は絵をかきます。 3 彼はギターをひきます。 4 彼は写真をとります。

15 英検5級でよく出る単語③

1 (1)②	(2)③
2 (1)③	(2)④

1 (1) アンは学校で美術部に入っています。 1 窓 2 部、クラブ 3 家 4 プール

解説 is in the 〜 clubで「〜部に入っている」。

(2) 私たちは毎週火曜日に理科の授業があります。 1 果物 2 歌 3 授業 4 スポーツ

解説 空所の前にscience（理科）があるので、関連のある3が適切。

16 何のスポーツが好き？

1 (1)③	(2)①
2 ②	3 ③
4 (1)②	(2)②

1 (1) A：ケンは何のスポーツが好きですか。 B：彼はテニスが好きです。 1 時間 2 果物 3 スポーツ 4 教科

(2) A：あなたは何色が好きですか。 B：私は青が好きです。 1 色 2 日、1日 3 授業 4 動物

2 A：あなたの大好きな食べ物は何ですか。 B：ピザです。 1 色 2 食べ物 3 ペット 4 音楽

解説 BがPizza.（ピザです。）と答えているので、関連のある**2**のfood（食べ物）を選ぶ。

3 What color is your new bike?

解説 What color（何色）で文を始める。your new bikeの語順にも注意。

リスニング

4 *(1)* A: Ann, do you like baseball? B: No, Ken. I like basketball. *Question:* What sport does Ann like? A：アン、あなたは野球が好きですか。 B：いいえ、ケン。私はバスケットボールが好きです。 質問：アンは何のスポーツが好きですか。 **1** 野球。 **2** バスケットボール。 **3** バレーボール。 **4** サッカー。 *(2)* A: I like English. How about you, Paul? B: I like science. *Question:* What subject does Paul like? A：私は英語が好きです。あなたはどうですか、ポール。 B：私は理科が好きです。 質問：ポールは何の教科が好きですか。 **1** 算数。 **2** 理科。 **3** 英語。 **4** 音楽。

解説 ポールの好きな教科を選ぶ。How about you?は前に出てきた内容を受けて、「あなたはどうですか」とたずねる表現。

17 どっちが好き？

1 *(1)*③ *(2)*④
2 *(1)*③ *(2)*④
3 *(1)*② *(2)*②

1 *(1)* A：どちらがあなたのかばんですか。 B：この大きいものです。 **1** 何 **2** だれ **3** どちら **4** いつ

解説 Bのoneは前に出てきたものの名前の代わりをする語で、ここではbagを表している。

(2) A：あなたはサッカーと野球のどちらのスポーツをしますか。 B：私はサッカーをします。 **1** 〜と… **2** しかし **3** だから **4** 〜か…

2 *(1)* 女の子：どちらがあなたの自転車ですか。 男の子：あの黒いのです。 **1** それはあなたのものです。 **2** 私は青いのがほしいです。 **3** あの黒いのです。 **4** 私もそれが好きです。

解説 女の子が「どちらがあなたの自転車ですか」とたずねているので、具体的にどれが自分のものかを答えている**3**が適切。

(2) 男の子1：あなたはどの季節が好きですか。 男の子2：私は冬が好きです。私はスキーができます。 **1** あなたは何がほしいですか。 **2** あなたはいつスキーをしますか。 **3** スポーツが好きなのはだれですか。 **4** あなたはどの季節が好きですか。

解説 男の子2は「冬が好き」と好きな季節を答えているので、**4**が適切。

リスニング

3 *(1)* A: Which T-shirt do you like? **1** No, I can't. **2** This green one. **3** That's right. A：あなたはどちらのTシャツが好きですか。 **1** いいえ、私はできません。 **2** この緑色のものです。 **3** そのとおりです。 *(2)* A: Which do you want, milk or orange juice? **1** Yes, please. **2** I want milk. **3** I'm fine. A：あなたは牛乳とオレンジジュース、どちらがほしいですか。 **1** はい、お願いします。 **2** 私は牛乳がほしいです。 **3** 私は元気です。

解説 「どちらがほしいか」とたずねられているので、ほしいものを答えている**2**が適切。

18 あの女性はだれ？

> **1** (1)② (2)③
> **2** ④ **3** ①
> **4** (1)③ (2)③

1 (1) A：この男の子はだれですか。 B：彼は私の兄［弟］です。 **1** 何 **2** だれ **3** だれの **4** どのように

(2) A：これはだれのノートですか。 B：それは私のです。 **1** だれ **2** いつ **3** だれの **4** どこ

2 女の子：向こうにいるあの男性はだれですか。 男の子：彼は私の算数の先生です。 **1** 私の家族とです。 **2** はい、します。 **3** あなたの友達へです。 **4** 彼は私の算数の先生です。

解説 女の子が「だれ」とたずねているので、具体的にどんな人かを答えている**4**が適切。He'sはHe isを短くした形。

3 Who can run fast in your class?

解説 Whoで文を始める。「あなたのクラスで」はin your class。

（リスニング）

4 (1) *A:* Does your aunt live in London, Paul? *B:* Yes. She works there. *Question:* Who lives in London? A：あなたのおばさんはロンドンに住んでいるのですか、ポール。 B：はい。彼女はそこで働いています。 質問：だれがロンドンに住んでいますか。 **1** ポール。 **2** 女の子。 **3** ポールのおばさん。 **4** 女の子のおばさん。 (2) *A:* Ann, this jacket is nice. Is it yours? *B:* No, Ken. It's my sister's. *Question:* Whose jacket is this? A：アン、このジャケットはすてきですね。それはあなたのですか。 B：いい

え、ケン。それは私の姉［妹］のものです。 質問： これはだれのジャケットですか。 **1** アンのです。 **2** ケンのです。 **3** アンの姉［妹］のです。 **4** ケンの姉［妹］のです。

解説 B（アン）が「私の姉［妹］のものです」と答えているので、**3**が適切。

19 誕生日はいつ？

> **1** (1)③ (2)②
> **2** ③ **3** ②
> **4** (1)① (2)②

1 (1) A：アンの誕生日はいつですか。 B：彼女の誕生日は5月1日です。 **1** 何 **2** どこ **3** いつ **4** どのように (2) A：あなたはいつ宿題をしますか。 B：夕食のあとです。 **1** 〜といっしょに **2** 〜のあとに **3** 〜の上に **4** 〜の中に

2 男の子：あなたはいつ英語を勉強しますか。 女の子：毎週水曜日です。 **1** 私の部屋でです。 **2** 1時間です。 **3** 毎週水曜日です。 **4** こんにちは。

解説 男の子が「いつ」とたずねているので、具体的に勉強する時を答えている**3**が適切。

3 When is your history test?

解説 Whenで文を始める。

（リスニング）

4 (1) *A:* My birthday is October 15th. When is yours, Meg? *B:* It's September 10th. *Question:* When is Meg's birthday? A：私の誕生日は10月15日です。あなたのはいつですか、メグ。 B：9月10日です。 質問：メグの誕生日はいつですか。 **1** 9月10日

です。　**2**　9月15日です。　**3**　10月10日です。　**4**　10月15日です。

(2) A: Do you go camping, Paul?　B: Yes. I often go camping in summer. Question: When does Paul go camping?

A：あなたはキャンプへ行きますか、ポール。　B：はい。私はよく夏にキャンプへ行きます。質問：ポールはいつキャンプへ行きますか。　**1**　春に。　**2**　夏に。　**3**　秋に。　**4**　冬に。

解説 B（ポール）は「よく夏に行く」と答えているので、**2**が適切。「夏に」と言うときはinを使うことに注意。

20 英検5級でよく出る単語④

1 (1)②	(2)①	
2 (1)④	(2)①	

1 (1) A：放課後にテニスをしましょう。
B：いいよ。あとで会いましょう。
1　～から　**2**　(after schoolで)放課後　**3**　～の上に　**4**　～といっしょに

(2) A：ポール、あなたは夜何時にねますか。
B：11時ごろです。　**1**　(at nightで)夜に　**2**　～の中に　**3**　～のために　**4**　～の下に

解説 at nightで「夜に」という意味。「朝に」と言うときはin the morning。

（リスニング）

2 (1) A: Can you come to my birthday party on Sunday?　B: Yes, Meg. See you then.　Question: When is Meg's birthday party?

A：日曜日の私の誕生日パーティーに来られますか。　B：はい、メグ。そのときに会いましょう。質問：メグの誕生日パーティーはいつです

か。　**1**　木曜日。　**2**　金曜日。　**3**　土曜日。　**4**　日曜日。　(2) A: Ken, do you often play baseball on weekends?　B: No, I read books at home.　Question: What does Ken often do on weekends?　A：ケン、あなたは週末によく野球をするのですか。　B：いいえ、私は家で読書をします。質問：ケンは週末によく何をしますか。　**1**　彼は読書をします。　**2**　彼は野球をします。　**3**　彼はピアノをひきます。　**4**　彼は宿題をします。

解説 ケンが週末によくすることを選ぶ。**2**はAが質問したこと。

21 私のかばんはどこ？

1 (1)②	(2)③	
2 ④	**3** ③	
4 (1)②	(2)①	

1 (1) A：ケンはどこにいますか。　B：彼は庭にいます。　**1**　いつ　**2**　どこ　**3**　何　**4**　だれ

(2) A：アンはどこでテニスをしますか。
B：公園でです。　**1**　～の　**2**　～から　**3**　～の中で　**4**　～のあとに

2 女性：すみません。警察署はどこですか。　男性：向こうにあります。　**1**　2時間です。　**2**　父からです。　**3**　月曜日にです。　**4**　向こうにあります。

解説 女性が警察署の場所をたずねているので、具体的に場所を答えている**4**が適切。

3 Where are you from?

解説 Whereで文を始め、あとにare youとたずねる文を続ける。

4 (1) *A:* Dad, where is my phone? *B:* It's on the table, Ann. *Question:* Where is Ann's phone? A：お父さん、私の電話はどこですか。 B：それはテーブルの上にありますよ、アン。 質問：アンの電話はどこにありますか。 1 かばんの中です。 2 テーブルの上です。 3 ドアのそばです。 4 いすの下です。

解説 B（お父さん）は、「テーブルの上にあります」と答えているので、2が適切。

(2) *A:* I often go to the park on weekends. How about you, Meg? *B:* I go to the library on weekends. I like reading. *Question:* Where does Meg go on weekends? A：私は週末に公園へよく行きます。あなたはどうですか、メグ。 B：私は週末には図書館へ行きます。私は読書が好きです。 質問：メグは週末にどこへ行きますか。 1 図書館へ。 2 書店へ。 3 公園へ。 4 学校へ。

22 天気はどう？

1 (1)④	(2)③
2 (1)②	(2)③
3 (1)③	(2)①

1 (1) A：天気はどうですか。 B：暑いです。 1 何 2 だれ 3 どれ 4 どう

(2) A：あなたはどのようにして学校へ来ますか。 B：バスでです。 1 いつ 2 どこ 3 どのようにして 4 なぜ

2 (1) 父親：天気はどうですか。 女の子：晴れています。公園へ行きましょう。 1 元気ですか。 2 天気はどうですか。 3 あなたはどこに住んでいますか。 4 あなたの誕生日はいつですか。

解説 女の子が天気を答えているので、天気をたずねている2が適切。天気や寒暖を表す文はIt'sで文を始める。

(2) 男の子：あなたはどのようにして学校へ行きますか。 女の子：私はたいてい歩いて学校へ行きます。 1 あなたはどこへ行くところですか。 2 これはだれのかばんですか。 3 あなたはどのようにして学校へ行きますか。 4 あなたの学校はどれですか。

解説 女の子が「歩いていく」と方法を答えているので、3が適切。

3 (1) A: How do you go home? 1 By the door. 2 In the car. 3 By train. A：あなたはどのように帰りますか。 1 ドアのそばです。 2 車の中です。 3 電車でです。

解説 家に帰る方法を選ぶ。1のbyは「～のそばに」という意味で場所を表している。

(2) A: How's the weather in Tokyo? 1 It's cloudy. 2 I'm fine. 3 Yes, please. A：東京の天気はどうですか。 1 くもっています。 2 私は元気です。 3 はい、お願いします。

23 英語が話せるよ

1 (1)④	(2)③
2 ①	**3** ③
4 (1)②	(2)③

1 (1) ケンはとてもじょうずに歌えます。

解説 空所のあとに動作を表す語が続いているので、can（～できる）を選ぶ。

(2) 私はピアノがひけますが、私の姉[妹]はひけません。

解説 文の前半でcan play（ひける）と言っていて、but（しかし）で文が続くので、「～できない」という意味のcan'tを選ぶ。

2 私はポールを知っています。彼はとてもじょうずにテニスができます。

解説 canのあとなので、sやingなどがつかない形のplayを選ぶ。

3 女の子1：今日の午後に買い物に行きましょう。 女の子2：ごめんなさい、行けません。私は3時にピアノのレッスンがあるのです。 1 わかりました、今行きます。 2 それはいい考えですね。 3 ごめんなさい、行けません。 4 私もします。

解説 空所のあとに「ピアノのレッスンがある」と続いているので、3の「行けない」を入れると意味が通じる。

リスニング

4 (1) 1 Meg can swim very well. 2 Meg can ski very well. 3 Meg can dance very well. 1 メグはとてもじょうずに泳げます。 2 メグはとてもじょうずにスキーができます。 3 メグはとてもじょうずにおどれます。 (2) 1 You can't talk here. 2 You can't run here. 3 You can't eat here. 1 ここで話すことはできません。 2 ここで走ることはできません。 3 ここで食べることはできません。

解説 絵は飲食禁止のマークがかかれているので、3が適切。

1 (1) ③ (2) ③
2 ① 3 ③
4 (1) ② (2) ②

1 (1) A：あなたはサッカーができますか。 B：はい、できます。

解説 BがYes, I can.（はい、できます。）と答えているので、Canで始まる文にする。

(2) A：私の家に来られますか。 B：いいですよ。あとで会いましょう。

解説 Can you ～?（あなたは～できますか。）という文をつくる。

2 男の子：お母さん、私を手伝ってくれますか。この質問は難しいです。 母親：いいですよ。 1 私を手伝ってくれますか。 2 これはだれのぼうしですか。 3 元気ですか。 4 あなたは何が必要ですか。

解説 空所のあとに「この質問は難しい」という文が続くので、1の「手伝ってくれますか」とお願いする文を選ぶと意味が通じる。

3 Can you close the window, Ann?

解説 「～してくれますか」のようにお願いする文はCan you ～?で表せる。

リスニング

4 (1) A: Can you play the vioin? 1 No, thank you. 2 No, I can't. 3 Yes, they are. A：あなたはバイオリンがひけますか。 1 いいえ、結構です。 2 いいえ、ひけません。 3 はい、彼らはそうです。 (2) A: Can I use your eraser? 1 Yes, please. 2 OK, here you are. 3 That's all. A：あなたの消しゴムを使ってもいいですか。 1 はい、お願いします。 2 いいですよ、はいどうぞ。 3 それで全部です。

解説 Can I ~?は「~してもいいですか」という意味で相手に許可をもらうときに使う。Can I ~?にはOK.(いいですよ。)などで答える。

25 英検5級でよく出る単語⑤

1 ③ 2 ②
3 (1)③ (2)②

1 4月は1年で4番目の月です。 1 日
2 週 3 (こよみの)月 4 日付
解説 April (4月) とfourth (4番目の) から、3のmonthを入れると意味が通じる。

2 Ann goes skiing in February.
解説 「~月に」はinのあとに月名を続ける。

リスニング

3 (1) *A:* Is the concert in June? *B:* No, it's in July. *Question:* When is the concert? A:コンサートは6月にありますか。 B:いいえ、7月にあります。 質問:コンサートはいつありますか。 1 5月に。 2 6月に。 3 7月に。 4 8月に。 (2) *A:* Dad, is it March 4th today? *B:* No, it's March 5th. *Question:* What's the date today? A:お父さん、今日は3月4日ですか。 B:いいえ、3月5日です。 質問:今日は何月何日ですか。 1 3月4日です。 2 3月5日です。 3 3月14日です。 4 3月15日です。
解説 B（父親）が「3月5日」と言っているので2を選ぶ。日付の聞き取りに注意。

26 いくら？

1 (1)④ (2)①
2 (1)③ (2)④
3 (1)③ (2)②

1 (1) A:このかばんはいくらですか。 B:30ドルです。 1 何 2 どれ 3 だれの 4 (How muchで)いくら
(2) A:あなたはイヌを何びき飼っていますか。 B:私は2ひき飼っています。 1 (How manyで)いくつ、何びき 2 多量の 3 古い 4 (背が)高い

2 (1) 女性:このアップルパイはいくらですか。 男性:それは5ドルです。 1 晴れています。 2 私はこれがほしいです。 3 それは5ドルです。 4 私はおなかがすいています。
解説 女性が値段をたずねているので、「5ドルです」と答えている3が適切。
(2) 男の子:あなたのクラスには何人生徒がいますか。 女の子:30人くらいです。 1 私には姉[妹]が1人います。 2 10ドルお願いします。 3 私は今日6時間授業があります。 4 30人くらいです。
解説 男の子がクラスの人数をたずねているので、数を答えている4が適切。

リスニング

3 (1) *A:* Excuse me. How much are these shoes? *B:* They're $40. *Question:* How much are the shoes? A:すみません。このくつはいくらですか。 B:40ドルです。 質問:そのくつはいくらですか。 1 14ドル。 2 15ドル。 3 40ドル。 4 50ドル。
解説 値段(数)の聞き取りは14と40など、-teenと-tyの数はまちがえやすいので注意。

(2) A: I have ten comic books. How about you, Ken? B: I have about twenty. *Question:* How many comic books does Ken have? 　A：私はマンガ本を10冊持っています。あなたはどうですか、ケン。　B：私は約20冊持っています。質問：ケンはマンガ本を何冊持っていますか。　**1**　約10冊。　**2**　約20冊。　**3**　約30冊。　**4**　約40冊。

27 何さい？

1 (1) ③	(2) ④
2 ②	**3** ②
4 (1) ③	(2) ②

1 (1)　A：あなたのお姉さん［妹さん］は何さいですか。　B：彼女は10さいです。　**1**　多量の　**2**　多数の　**3**　(How old で)何さい　**4**　高い　(2) A：あのタワーはどのくらいの高さですか。　B：200メートルです。　**1**　古い　**2**　しばしば　**3**　～について　**4**　(How tall で)どのくらいの高さ

2 女の子：あなたの弟さんは何さいですか。　男の子：彼は5さいです。　**1**　彼はすてきです。　**2**　彼は5さいです。　**3**　彼の名前はケンです。　**4**　4時ちょうどです。

解説 年れいをたずねているので、「5さいです」と答えている**2**が適切。

3 How old is Ann's dog?

解説 How old で文を始める。「アンのイヌ」はAnn's dog。

（リスニング）

4 (1) A: How old is your father, Meg? B: He's 40. *Question:* How old is Meg's father? 　A：あなたのお父さんは何さいですか、メグ。　B：40さいです。　質問：メグのお父さんは何さいですか。　**1**　30さい。　**2**　35さい。　**3**　40さい。　**4**　45さい。　(2) A: How tall is the building over there? B: It's 200 meters tall. *Question:* How tall is the building? 　A：向こうにある建物はどのくらいの高さですか。　B：200メートルの高さです。　質問：建物はどのくらいの高さですか。　**1**　100メートル。　**2**　200メートル。　**3**　300メートル。　**4**　400メートル。

解説 200はtwo hundredと読む。

28 何時？

1 (1) ②	(2) ③
2 ①	**3** ②
4 (1) ④	(2) ③

1 (1) A：何時ですか、メグ。　B：2時です。　**1**　動物　**2**　(What time で)何時　**3**　色　**4**　教科　(2) A：あなたはたいてい何時に起きますか。　B：6時30分にです。　**1**　～の上に　**2**　～の中に　**3**　～時に　**4**　～といっしょに

2 女の子：何時ですか。　男の子：1時です。　**1**　1時です。　**2**　彼女は9さいです。　**3**　3時間です。　**4**　水曜日にです。

解説 時刻をたずねているので、**1**が適切。時刻を表す文はIt's ～.で表す。

3 What time does the concert start?

解説 What time で文を始めて、does ～?のたずねる文を続ける。

4 (1) *A:* Is your English lesson at three today, Ken? *B:* No. My lesson is at four thirty. *Question:* What time is Ken's English lesson today? A：あなたの英語のレッスンは、今日は3時からですか、ケン。 B：いいえ。私のレッスンは4時30分からです。 質問：ケンの英語のレッスンは今日何時からですか。 **1** 3時から。 **2** 3時30分から。 **3** 4時から。 **4** 4時30分から。

(2) *A:* Paul, does the next train come at 10:15? *B:* No. It comes at 10:20. *Question:* What time does the next train come? A：ポール、次の電車は10時15分に来ますか。 B：いいえ。10時20分に来ます。 質問：何時に次の電車は来ますか。 **1** 10時12分に。 **2** 10時15分に。 **3** 10時20分に。 **4** 10時50分に。

解説 「分」の数を正確に聞き取ろう。2はAがたずねた時刻。

29 ありがとう

1 (1)③ (2)①
2② **3**①
4 (1)③ (2)③

1 (1) A：プレゼントをありがとう。 B：どういたしまして。 **1** ～の上に **2** ～といっしょに **3** (Thank you for ～で) ～をありがとう **4** ～から (2) A：あなたは紅茶がほしいですか。 B：いいえ、結構です、ありがとう。 **1** ～がほしい **2** (スポーツ)をする **3** ～を話す **4** 雨が降る

2 母親：いってらっしゃい、ポール。楽しんできてね。 男の子：ありがとう、お母さん。 **1** どういたしまして。 **2** ありがとう、お母さん。 **3** こんにちは。 **4** 今日はくもっています。

解説 母親が「楽しんできてね」と言っているので、「ありがとう」と応じている2にすると、意味が通じる。

3 Thank you for your postcard.
解説 forのあとにyour postcard（あなたの絵はがき）を続ける。

4 (1) *A:* Thanks, Meg. **1** Me, too. **2** In the room. **3** You're welcome. A：ありがとう、メグ。 **1** 私もです。 **2** 部屋の中で。 **3** どういたしまして。
解説 Thanks.のように短く言うこともある。

(2) *A:* Do you want some water? **1** Yes, I can. **2** Have a nice day. **3** No, thank you. A：あなたは水がほしいですか。 **1** はい、私はできます。 **2** よい1日を。 **3** いいえ、結構です。

30 英検5級でよく出る表現

1 (1)③ (2)④
2 (1)② (2)③

1 (1) 母親：ポール、ねる時間ですよ。 男の子：わかりました、お母さん。おやすみなさい。 **1** 夕食の準備ができました。 **2** 私を手伝ってください。 **3** ねる時間です。 **4** ただいま。
解説 男の子が「おやすみなさい」と言っているので、3が適切。It's time for dinner.（夕食の時間です。）などの形でもよく出る。

(2) 男の子：あなたの辞書を使ってもいいで

すか。　女の子：いいですよ。はい、どう
ぞ。　　**1**　私はそれが好きではありませ
ん。　　**2**　そのとおりです。　　**3**　いい
え、結構です。　　**4**　はい、どうぞ。
解説 女の子が辞書を貸そうとしているので、
4が適切。Here you are.はものを手わたす
ときに使う表現。

リスニング

2 *(1)* A: Do you like soccer?　　**1**　Me,
too.　　**2**　Of course.　　**3**　In the
gym.
A：あなたはサッカーが好きですか。　　**1**
私もです。　　**2**　もちろんです。　　**3**　体
育館で。　　*(2)* A: Have a nice day!
1　I'm sorry.　　**2**　Yes, they are.　　**3**
You, too.　　A：よい1日を。
1　ごめんなさい。　　**2**　はい、彼らはそう
です。　　**3**　あなたもね。
解説 「よい1日を（過ごしてください）」と言わ
れて、「あなたもね」と応じている**3**が適切。

まとめテスト①

1 *(1)*②	*(2)*③	*(3)*④	
	*(4)*①	*(5)*②	
2 *(1)*③	*(2)*①		
3 *(1)*②	*(2)*④		

1 *(1)* メグは音楽が好きです。彼女はギター
をひけます。　　**1**　授業　　**2**　ギター
3　ラケット　　**4**　チョーク
解説 music（音楽）とplay theに注目する。
(2) A：あなたは何色が好きですか。　　B：
私は赤が好きです。　　**1**　教科　　**2**　食
べ物　　**3**　色　　**4**　季節
(3) 兄[弟]と私は日曜日にときどき夕食を作
ります。　　**1**　〜を話す　　**2**　走る　　**3**

〜に会う　　**4**　〜を料理する
解説 dinner（夕食）に注目する。
(4) ポールはよく夜にテレビで野球の試合を
見ます。　　**1**　(at nightで)夜に　　**2**　〜
の　　**3**　〜の中に　　**4**　〜について
(5) A：向こうにいるあの女性はだれです
か。　　B：彼女はスミス先生です。　　**1**
彼は　　**2**　彼女は　　**3**　彼らは　　**4**
私たちは
解説 that woman（あの女性）の代わりにな
るのは**2**のSheだけ。

2 *(1)* 女の子：わあ！　このTシャツはすてき
です。いくらですか。　　男性：20ドルです。
1　私はこれが好きです。　　**2**　それはよ
い考えです。　　**3**　それは20ドルです。
4　彼は13さいです。
(2) 生徒：さようなら、スミス先生。　　先
生：よい週末を。　　生徒：ありがとうござい
ます。先生もよい週末を。　　**1**　よい週末
を。　　**2**　すわってください。　　**3**　私は
知りません。　　**4**　おはようございます。
解説 Have a nice weekend.は週末に別れ
るときによく使うあいさつ。

3 *(1)* Ann is talking on the phone.
解説 「電話で」はon the phone。

(2) Can I have some cookies?
解説 Can I ～?は許可を得るときに使う。

まとめテスト②

1 *(1)*②	*(2)*②	*(3)*③	
	*(4)*①	*(5)*①	*(6)*③
2 *(1)*④	*(2)*③		
3 *(1)*②	*(2)* ②	*(3)* ①	*(4)* ③

1 (1) A: Hi, Ann. How are you? **1** Me, too. **2** I'm good. **3** My name is Ken. A：こんにちは、アン。元気ですか。 **1** 私もです。 **2** 私は元気です。 **3** 私の名前はケンです。

(2) A: Mom, can you help me with my homework? **1** Yes, they are. **2** All right. **3** That's all. A：お母さん、宿題を手伝ってくれませんか。 **1** はい、彼らはそうです。 **2** いいですよ。 **3** それで全部です。 (3) A: Don't run here. **1** I'm from Japan. **2** No, you don't. **3** I'm sorry. A：ここで走ってはいけません。 **1** 私は日本出身です。 **2** いいえ、あなたはしません。 **3** ごめんなさい。 (4) A: Thank you for your present. **1** You're welcome. **2** At the store. **3** Nice to meet you. A：プレゼントをありがとう。 **1** どういたしまして。 **2** 店で。 **3** はじめまして。 (5) A: Excuse me. Are you Mr. Smith? **1** Yes, I am. **2** No, you can't. **3** Yes, please. A：すみません。あなたはスミスさんですか。 **1** はい、そうです。 **2** いいえ、あなたはできません。 **3** はい、お願いします。 (6) A: Which T-shirt do you want? **1** It's hot. **2** That's nice. **3** The black one. A：どちらのTシャツがほしいですか。 **1** 暑いです。 **2** それはすてきです。 **3** その黒いほうです。

2 (1) A: My birthday is June 7th. When is yours, Ann? B: My birthday is July 13th. Question: When is Ann's birthday? A：私の誕生日は6月7日です。あなたのはいつですか、アン。 B：私の誕生日は7月13日です。 質問：アンの誕生日はいつですか。 **1** 6月7日。 **2** 6月13日。 **3** 7月7日。 **4** 7月13日。

(2) A: Dad, is Paul in his room? B: No, he's studying in the library. Question: Where is Paul? A：お父さん、ポールは部屋にいますか。 B：いいえ、彼は図書館で勉強しています。 質問：ポールはどこにいますか。 **1** 部屋に。 **2** 庭に。 **3** 図書館に。 **4** 公園に。

3 (1) **1** Meg goes to bed at 11:13. **2** Meg goes to bed at 11:30. **3** Meg goes to bed at 11:33. **1** メグは11時13分にねます。 **2** メグは11時30分にねます。 **3** メグは11時33分にねます。 (2) **1** This bag is 5 kilograms. **2** This bag is 15 kilograms. **3** This bag is 50 kilograms. **1** このかばんは5kgです。 **2** このかばんは15kgです。 **3** このかばんは50kgです。 (3) **1** The books are in the box. **2** The books are on the box. **3** The books are by the box. **1** 本は箱の中にあります。 **2** 本は箱の上にあります。 **3** 本は箱のそばにあります。 (4) **1** Ken is washing a tomato. **2** Ken is eating a tomato. **3** Ken is cutting a tomato. **1** ケンはトマトを洗っています。 **2** ケンはトマトを食べています。 **3** ケンはトマトを切っています。